[智能汽车丛书]

GUIDE TO BEV PERCEPTION
ALGORITHMS FOR AUTONOMOUS
DRIVING SYSTEMS

自动驾驶 BEV 感知算法指南

易显维 虞凡 著

图书在版编目（CIP）数据

自动驾驶 BEV 感知算法指南 / 易显维，虞凡著. -- 北京：机械工业出版社，2024. 12. -- （智能汽车丛书）. -- ISBN 978-7-111-76882-1

Ⅰ. U463.61

中国国家版本馆 CIP 数据核字第 2024SA0389 号

机械工业出版社（北京市百万庄大街 22 号　邮政编码 100037）
策划编辑：高婧雅　　　　　　　　　　责任编辑：高婧雅
责任校对：李　霞　张慧敏　景　飞　　责任印制：刘　媛
涿州市京南印刷厂印刷
2025 年 1 月第 1 版第 1 次印刷
186mm×240mm・13.25 印张・231 千字
标准书号：ISBN 978-7-111-76882-1
定价：99.00 元

电话服务　　　　　　　　　　网络服务
客服电话：010-88361066　　　机　工　官　网：www.cmpbook.com
　　　　　010-88379833　　　机　工　官　博：weibo.com/cmp1952
　　　　　010-68326294　　　金　书　网：www.golden-book.com
封底无防伪标均为盗版　机工教育服务网：www.cmpedu.com

前　言

为什么写这本书

在传统燃油车领域，我国与日本、德国等汽车工业强国相比，起步时间较晚，技术积累和产业链成熟度相对较低。然而，随着全球环保意识的增强和新能源汽车技术的快速发展，我们迎来了一个前所未有的机遇——通过新能源汽车实现产业赶超。

新能源汽车，特别是电动汽车，以其零排放、低噪声、低维护成本等优势，正逐渐成为全球汽车市场的新宠。而在这场新能源汽车的浪潮中，自动驾驶技术更是被誉为未来的科技明珠。自动驾驶不仅代表着汽车科技的前沿，更是提升道路安全、缓解交通拥堵、提高出行效率的关键技术。

自动驾驶技术的优势在于，它可以显著提高道路安全和交通效率。通过精确的传感器和先进的算法，自动驾驶车辆能够实时感知周围环境，做出准确的驾驶决策，从而降低交通事故发生率。同时，自动驾驶还有助于缓解交通拥堵，它通过智能路径规划和协同驾驶，提高了道路使用效率。

然而，自动驾驶技术的发展也面临着诸多挑战。首先，技术难题仍然存在，例如复杂道路和恶劣天气条件下的感知和决策问题。其次，法律和伦理问题也是自动驾驶技术发展中需要重点考虑的，如何在确保安全的前提下，平衡技术创新与法律法规的制约，是自动驾驶技术发展必须面对的问题。

随着自动驾驶技术的不断进步，城市导航辅助驾驶（NOA）成为技术研发和商业应用的热点。城市 NOA 是指在城市环境中，结合高精度导航技术和自动驾驶技术，实现车辆在城市道路上的自动驾驶。这一技术的兴起，得益于鸟瞰视角（Bird's Eye View，BEV）技术方案的快速发展。

BEV 方案为自动驾驶的感知系统带来了革命性的进步。它通过融合多个传感器的数据，生成车辆周围的 360°全景图像，为自动驾驶系统提供了更为准确的环境感知信息。这使车辆能够更加精准地判断道路情况、障碍物位置以及行人和其他车辆的动态，从而做出更为准确的驾驶决策。

自动驾驶的 BEV 感知算法是实现城市 NOA 的核心技术之一。它通过处理传感器数据，生成车辆行驶的决策和控制指令。BEV 感知算法的优劣直接影响到自动驾驶系统的性能和安全性。因此，研究和开发高效、稳定的 BEV 感知算法对于推动我国自动驾驶技术的发展具有重要意义。

为了帮助广大自动驾驶技术的研究人员和工程师更好地理解和掌握自动驾驶 BEV 感知算法的基本原理，我们编写了本书。

本书汇集了两位作者多年的研究成果与实践经验：我专注于自动驾驶感知技术的基础研究与全流程优化，虞凡则致力于出行平台及 Robotaxi 技术的应用研究，特别关注 BEV 感知技术在城市复杂环境中的挑战。这种多角度的合作，使本书能够从理论与实践两方面，为读者提供全面的视角。

本书系统地介绍了 BEV 算法的基础知识、关键技术及实现方法，以及自动驾驶感知系统的架构和设计思路。通过传递我和虞凡的专业知识与技术积累，希望为读者提供实用的入门知识，并激发其在自动驾驶技术领域的创新。

如何阅读本书

本书共 9 章，各章内容简介如下。

第 1 章将带领你快速了解 BEV 感知算法的核心概念。本章不仅会勾勒 BEV 感知算法的大致框架，还会揭示其独特的优势以及在实践中可能遇到的挑战，为你后续的深入学习奠定坚实的基础。

第 2 章将引导你走进数据的世界。这一章详细介绍 BEV 感知算法所依赖的多个知名数据集，如 KITTI、nuScenes 和 Waymo 等。通过对比这些数据集的特点，你将更加明确它们的适用场景。同时，本章还提供评测算法性能的关键指标和计算方法，为你后续的实验和研究提供依据。

第 3 章将为你提供丰富的特征提取方法。无论是基于图像模态还是基于激光雷达模态的数据，本章都将进行深入的介绍，从相机的内外参数调整到图像特征的深度网络提取，再到点云目标检测算法，本章对每一环节都将进行了细致的讲解。

第4章将深入BEV感知算法的基本模块。你将探索视角转换的原理、注意力模块的运作机制，以及Transformer及其各种改进模型在算法中的应用。此外，本章也将深入剖析时序融合技术，让你对算法的每一个细节都了如指掌。

第5章将介绍显式视角转换的BEV感知算法。本章将详细解读BEVDet和BEVDet4D等先进算法，展示它们如何通过精确的数学变换，将复杂的图像数据转换为直观的鸟瞰视图，从而实现高精度的3D目标检测。

第6章将介绍隐式视角转换的BEV感知算法。在这一章中，你将接触包括BEVFormer、DETR3D和PETR在内的多种典型的BEV感知算法。这些算法通过独特的策略，成功实现了从相机视角到鸟瞰视角的灵活转换，极大地提高了3D检测的准确性。

第7章和第8章将通过生动的案例，指导你亲手实现BEV感知算法。从环境的搭建到代码的详细解读，再到模型的训练与优化，每一步都将进行详尽的阐述，确保你能够从理论走向实践，真正掌握BEV感知算法的精髓。

第9章将接触自动驾驶领域的前沿技术——大模型的应用。本章深入探讨端到端的自动驾驶系统UniAD，以及它在自动驾驶数据生产和模型训练中的独特作用。同时，也将客观分析视觉大模型当前面临的挑战和发展难点，为你在这一领域的研究指明方向。

通过阅读本书，你不仅能够全面掌握BEV感知算法的原理和实现细节，还能够深入了解它在实际应用中的巨大潜力。无论你是自动驾驶领域的初学者还是资深研究者，本书都将为你提供宝贵的参考和启示。

勘误和支持

由于计算机科学发展迅速，技术不断改进，以及人们对问题的认知水平持续提升，书中难免存在疏漏和不足。希望读者不吝赐教，也欢迎各位读者对书中存在的问题给出自己的意见和思考。我的邮箱是 necther@qq.com。

在本书的编写过程中，我得到了我的学生黎楚凡、付都、艾志远、余齐桢的帮助，在此表示感谢，祝愿他们在今后的学习过程中学有所成，前程似锦。同时，感谢朋友和家人的支持。

易显维

目 录 Contents

前 言

第1章 快速了解BEV感知算法 ………… 1
- 1.1 BEV感知算法解决的问题 …… 1
- 1.2 BEV感知算法的常见范式 …… 7
- 1.3 BEV感知算法的分类 ………… 9
  - 1.3.1 基于单应性的方法 ……… 9
  - 1.3.2 基于深度估计的方法 …… 10
  - 1.3.3 基于多层感知器的方法 …………………………… 12
  - 1.3.4 基于Transformer的方法 …………………………… 13
- 1.4 BEV感知算法的不足 ………… 14
- 1.5 本章小结 ……………………… 16

第2章 BEV感知算法的数据集 ………………………… 17
- 2.1 KITTI数据集 ………………… 18
- 2.2 nuScenes数据集 ……………… 25
- 2.3 nuScenes数据集常用的评测指标及计算方法 …………… 39
  - 2.3.1 检测任务评测指标计算公式 ……………………… 40
  - 2.3.2 跟踪任务评测指标计算公式 ……………………… 42
  - 2.3.3 其他辅助指标计算公式 … 42
- 2.4 Waymo数据集 ………………… 46
- 2.5 不同数据集之间的对比 ……… 47
- 2.6 本章小结 ……………………… 48

第3章 BEV感知算法的特征提取 ……………………………… 49
- 3.1 图像模态 ……………………… 49
  - 3.1.1 相机的内外参数 ………… 49
  - 3.1.2 图像特征提取和ResNet原理 ………………………… 54
- 3.2 激光雷达模态中点云目标检测的代表算法 ……………… 55
  - 3.2.1 PointPillar算法 ………… 55

3.2.2 PV-RCNN 算法 ………… 58
3.3 本章小结 ………………… 61

第4章 BEV 感知算法的基本模块 ……………… 62

4.1 视角转换模块 …………… 62
    4.1.1 自动驾驶中的坐标系 …… 63
    4.1.2 坐标系转换与视角转换模块 …………………… 65
    4.1.3 LSS 原理 ……………… 69
    4.1.4 LSS 代码实现与模型运行 ……………………… 71
4.2 BEV 感知算法中的注意力机制 ……………………… 82
    4.2.1 通道注意力机制 ……… 82
    4.2.2 空间注意力机制 ……… 83
    4.2.3 混合注意力机制 ……… 83
    4.2.4 BEV 感知算法中的时序融合 …………………… 83
4.3 本章小结 ………………… 86

第5章 显式视角转换的 BEV 感知算法 ………………… 87

5.1 基于 LSS 方法的显式视角转换的 BEV 感知算法 …… 89
    5.1.1 BEVDet ……………… 89
    5.1.2 BEVDet4D …………… 91
5.2 BEVDet 中的视角转换过程 … 91
5.3 BEVDet4D 中的时序对齐 …… 93
5.4 本章小结 ………………… 94

第6章 隐式视角转换的 BEV 感知算法 ………………… 95

6.1 传统目标检测方法与 DETR 类方法 …………………… 95
    6.1.1 传统目标检测方法的局限性 …………………… 96
    6.1.2 DETR 类方法的优点 … 97
6.2 主要的隐式视角转换的 BEV 感知算法 ………………… 98
    6.2.1 BEVFormer …………… 98
    6.2.2 DETR3D ……………… 102
    6.2.3 PETR ………………… 103
6.3 DETR3D 计算过程 ………… 106
    6.3.1 图像特征提取 ………… 106
    6.3.2 特征查询模块 ………… 107
    6.3.3 二分图匹配 …………… 108
    6.3.4 DETR 和 DETR3D 的异同 ……………………… 108
6.4 隐式转换 DETR、DETR3D 和 PETR 的主要差别 ………… 109
6.5 本章小结 ………………… 110

第7章 BEVFusion 实践 ………… 111

7.1 原理详解 ………………… 111
    7.1.1 网络架构 ……………… 112
    7.1.2 图像支路 ……………… 113
    7.1.3 点云支路 ……………… 114
    7.1.4 融合模块 ……………… 115
7.2 代码详解 ………………… 116

　　　　7.2.1　nuScenes 数据集
　　　　　　　处理 ································ 116
　　　　7.2.2　模型训练过程 ············ 131
　7.3　环境搭建 ································ 149
　　　　7.3.1　搭建 PyTorch 环境 ······ 149
　　　　7.3.2　安装 BEVFusion ········ 150
　　　　7.3.3　编译 BEVFusion
　　　　　　　环境 ································ 151
　　　　7.3.4　训练和测试
　　　　　　　BEVFusion ··················· 152
　7.4　本章小结 ································ 153

第 8 章　BEVFormer 实践 ········· 154

　8.1　代码详解 ································ 154
　　　　8.1.1　数据处理 ····················· 155
　　　　8.1.2　模型训练过程 ············ 156
　8.2　环境搭建 ································ 190
　　　　8.2.1　创建虚拟环境 ············ 190
　　　　8.2.2　安装 BEVFormer ······· 191
　8.3　模型部署 ································ 192
　8.4　本章小结 ································ 192

第 9 章　大模型在自动驾驶领域
　　　　　的应用 ································ 193

　9.1　端到端的自动驾驶系统
　　　　UniAD ····································· 194
　　　　9.1.1　UniAD 的提出背景 ······ 194
　　　　9.1.2　UniAD 架构 ·················· 196
　9.2　赋能自动驾驶数据生产和
　　　　模型训练 ································ 197
　　　　9.2.1　辅助标注数据 ············ 198
　　　　9.2.2　模型蒸馏给小模型
　　　　　　　赋能 ································ 200
　　　　9.2.3　将多个小模型合并成
　　　　　　　大模型 ···························· 201
　　　　9.2.4　自动驾驶的重建和数据
　　　　　　　生成 ································ 201
　9.3　视觉大模型的难点 ··············· 202
　　　　9.3.1　视觉大模型发展相对落后
　　　　　　　的原因 ···························· 202
　　　　9.3.2　视觉大模型的技术挑战与
　　　　　　　实践难点 ························ 203
　9.4　本章小结 ································ 204

第 1 章

快速了解 BEV 感知算法

本章将带领读者快速了解 BEV 感知算法，涵盖 BEV 感知算法解决的问题、常见范式、分类与不足等方面。

1.1 BEV 感知算法解决的问题

在自动驾驶和智能交通系统中，车辆需要准确、全面地感知周围环境，以做出安全、有效的决策。例如，当一辆自动驾驶汽车行驶在繁忙的城市街道上时，它必须能够同时检测到前、侧、后方的行人和车辆，以及远处的交通信号灯等多种信息，目标检测结果如图 1-1 所示。这些信息来自车上的多个传感器，如摄像头（camera）、激光雷达（LiDAR）和毫米波雷达等，图 1-2 所示为特斯拉的摄像头安装方式。此处需要说明一点，本书中对 camera 的表述，在表示传感器时将 camera 称为摄像头，在讲述成像原理时将 camera 称为相机。

L2级特斯拉全自动驾驶（Full-Self Driving，FSD）纯视觉系统

前置摄像头　　后置摄像头

侧置摄像头

图 1-1　目标检测效果　　　　　图 1-2　特斯拉的摄像头安装方式

BEV 感知算法要实现上述功能，要解决以下关键问题。

问题 1：摄像头成像中的近大远小问题。

在机器视觉和自动驾驶技术的研究中，数据集的质量占据着举足轻重的地位。nuScenes 数据集以其丰富性和多样性，在自动驾驶领域独树一帜。该数据集为我们提供了海量的多模态传感器数据，其中包括高清的图像、精确的激光雷达点云数据、详尽的 GPS 信息，以及惯性测量单元（IMU）数据等。这些数据的全面性和互补性，对于自动驾驶算法的训练与验证来说，具有不可或缺的价值。

然而，在深入挖掘和分析这些数据时，我们会遇到一些引人深思的视觉现象。如图 1-3 所示，图中近处的车辆与远处的车辆形成了鲜明的对比：近处的车辆在视觉上显得更加庞大，而远处的车辆则相对微小。

图 1-3　nuScenes 数据集图像示例

这一现象实际上是一种人们常常会遇到但可能并未深究的视觉错觉——近大远小，也被称为透视错觉。这种错觉源于人类视觉感知系统的一种固有特性：当观察物体时，离观察者越近的物体会被感知得越大，反之则越小。这是因为我们的眼睛和大脑在处理接收到的视觉信息时，会不自觉地根据物体与观察者的相对距离来调整对物体大小的感知。然而，这种自然的调整过程并不总是准确无误的，因此便产生了透视错觉。

在自动驾驶算法的研发过程中，如何有效处理透视错觉成为一项至关重要的任务。人类视觉感知系统的透视错觉，对应的是自动驾驶场景中单个摄像头成像中的尺度不统一问题。为了确保自动驾驶系统的安全性和可靠性，算法必须能够精确地感知和理解道路环境中的每一个物体，无论这些物体距离车辆的远近。为了实现这一目标，研究者们巧妙地运用了多传感器数据融合技术。通过综合处理来自摄像头、激光雷达等不同传感器的数据，算法能够更为精确地估算出物体的实际位置和大小，从而在一定程度上纠正因透视错觉而产生的感知偏差。

此外，为了进一步消除透视错觉对自动驾驶算法的影响，研究者们还会对图像进行一系列的预处理和特征提取操作。例如，透视变换技术被广泛应用于将图像中的物体投影到一个统一的平面上，从而使得不同距离的物体在图像中具有相同的大小比例。这一技术有效地消除了透视错觉带来的大小感知差异。同时，算法还会提取物体的颜色、形状、纹理等关键特征，以辅助系统更准确地识别和理解道路环境中的各种物体。这些预处理和特征提取操作不仅提高了自动驾驶算法的感知精度，也为该算法在实际道路环境中的安全运行提供了有力支持。

问题2：如何融合具有不同视角、分辨率和表示形式的多种传感器信息的问题。

在自动驾驶技术中，不同的传感器捕捉到的数据往往具有截然不同的特性和表现形式。这些传感器数据不仅在视角上有差异，还在分辨率和信息呈现方式上大相径庭。

以摄像头为例，它能够捕捉到丰富的颜色和细腻的纹理信息，这对于物体识别和场景理解至关重要。然而，摄像头的视角相对受限，通常只能捕捉到镜头前方的场景，而且它对光照条件极为敏感，在光线不足或过曝的环境下，摄像头的性能可能会大幅下降，导致图像质量不佳或信息丢失。

激光雷达则拥有精确的三维空间信息捕捉能力。它通过向物体发射激光并测量激光反射回来的时间来计算物体的位置以及与车辆之间的距离，从而构建出三维点云数据。这些数据为自动驾驶系统提供了宝贵的空间感知能力，使得车辆能够精确地感知周围环境并做出相应的驾驶决策。然而,激光雷达的数据相对稀疏,尤其是在远距离或物体表面反射率较低的情况下,可能无法捕捉到足够的信息。此外,激光雷达检测到的数据本身并不包含颜色信息,这在一定程度上限制了它对环境的全面感知能力。

如何将摄像头和激光雷达等不同来源、不同形式的数据有效地整合并利用起来,成了自动驾驶领域亟待解决的问题。为了实现这一目标,研究者们探索了多种数据融合方法。例如,他们利用深度学习技术来提取摄像头采集到的图像中的语义信息,并将其与激光雷达的点云数据进行对齐和融合。这种方法能够充分利用两种传感器的优势,提高自动驾驶系统的感知精度和鲁棒性。

图1-4展示了nuScenes数据集中一个典型场景的图像数据和点云数据。从图像数据中,我们可以清晰地看到道路、车辆、建筑物等元素的颜色和纹理细节;从点云数据中,我们可以了解场景中物体的精确三维位置和形状信息。通过有效地融合这两种数据,自动驾驶系统能够获得更加全面和准确的环境感知能力,从而为实现安全、高效的自动驾驶奠定坚实的基础。

图1-4 nuScenes数据集中一个典型场景的图像数据和点云数据

BEV感知算法提供了一个统一的坐标系,使得不同类型的传感器数据可以融合在同一个空间中进行处理。

问题3:远处的目标物体被遮挡的问题。

在自动驾驶的视觉感知系统中,远处目标物体被遮挡是一个普遍存在的问题。这种情况在图像数据中尤为明显,因为二维图像无法提供深度信息,导致前后物体在图像上可能重叠。

如图1-5所示,当我们根据nuScenes数据集中的标记框将不同目标物体框选出来时,可以明显看到多个标记框重叠在一起。这种重叠现象直接反映了在摄像头捕获的图像数据中,远处的物体被近处的物体遮挡。这种遮挡不仅会影响自动驾驶系统对远处物体的准确识别,还可能导致系统对道路环境的误判,从而引发安全问题。

图 1-5　nuScenes 数据集中标记框绘制结果

为了解决这个问题,研究者们采取了多种策略。一方面,他们利用激光雷达等传感器提供的三维空间信息来辅助图像数据的解析,通过数据融合技术提高自动驾驶系统对遮挡物体的感知能力。另一方面,他们也在算法层面进行改进,例如引入深度学习模型来预测和补偿遮挡部分的信息,或者通过多帧图像的时序分析来推测被遮挡物体的运动轨迹和状态。

远处目标物体被遮挡是自动驾驶技术中一个具有挑战性的问题。但通过融合多种传感器数据和先进的算法技术,可以有效地提高自动驾驶系统对这一问题的处理能力,从而确保系统的安全性和可靠性。

BEV 感知算法的出现,正是为了应对自动驾驶系统感知复杂环境的难题。其核心思想是将来自不同视角、不同类型的传感器数据,如摄像头图像数据、激光雷达点云数据等,统一转换并集成到一个共同的鸟瞰视角图像(简称鸟瞰视图)表示空间中。在这个鸟瞰视图表示空间中,所有物体都按照其实际地理位置被投影到一个统一的平面上,消除了由传感器视角差异和数据格式不一致所带来的困扰。

图 1-6 展示了 nuScenes 数据集中某场景的鸟瞰视图效果,生动地体现了 BEV 感知算法的强大功能。从这个鸟瞰视图中我们可以看到,之前提到的三个关键问题都得到了较好的解决。图中,自动驾驶汽车正驶向一个繁忙的十字路口,前置摄像头捕获了前方的

行人和车辆，激光雷达则精确地描绘了周围环境的三维结构。

图 1-6　nuScenes 数据集中某场景的鸟瞰视图效果

图 1-6 不仅提供了一个全面、准确的环境模型，还使得各种道路使用者（如行人、车辆），以及重要的道路标记等关键信息一目了然。在这个模型中，每一个元素都按照其在真实世界的地理位置被精确标注，这为自动驾驶汽车的决策系统提供了无可比拟的便利。

这种全面的环境感知能力，对于自动驾驶汽车来说至关重要。它不仅能够提升车辆对周围环境的理解深度，还能大幅增强自动驾驶系统在复杂交通场景中的反应速度和决策准确性。因此，BEV 感知算法已然成为自动驾驶技术中不可或缺的一环，为自动驾驶汽车的安全、高效行驶提供了坚实的技术支撑。

问题 4：特征提取模块和下游模块的兼容性问题。

在自动驾驶技术的实际应用中，特征提取模块与下游模块的兼容性问题一直是技术实现的难点之一。不同的传感器在提取特征时，往往以其自身的位置为基准设定坐标系，这导致了不同传感器提取的特征之间缺乏统一的参照标准，难以直接对接至下游的算法模块。然而，BEV 感知算法的出现，为这一问题提供了有效的解决方案。

BEV 感知算法之所以能够解决兼容性问题，主要得益于其输出格式与下游模块之间的高度兼容性。在自动驾驶系统中，预测模块需要全面而准确地了解当前环境中的动态物体，以便预测它们未来的行为。同时，规划模块需要一个全局的、统一的视角来制定最优的行驶路径。BEV 感知算法生成的鸟瞰视图不仅包含了丰富的环境信息，还以统一的坐标系为基准，使得预测模块和规划模块能够直接、高效地利用这些信息。

以一个具体的场景为例，当自动驾驶汽车在繁忙的交叉路口行驶时，前置摄像头可能捕捉到行人过街的图像，而侧置摄像头则捕捉到正在靠近的其他车辆。在这种情况下，BEV 感知算法能够将这两个不同视角的图像融合到一个统一的鸟瞰视图中。这个鸟瞰视图不仅清晰地展示了行人和其他车辆的位置和状态，还提供了一个全局的、统一的视角，使得预测模块能够准确地预测行人和其他车辆未来的运动轨迹。规划模块则可以利用这个鸟瞰视图，结合其他交通信号信息，为自动驾驶汽车制定一条可以安全、高效地通过交叉路口的路径。

问题 5：传感器感知的重叠区域问题。

在自动驾驶系统中，多个摄像头同时覆盖某些区域是常见的情况。然而，这也带来了一个问题：目标在这些重叠区域可能会被重复检测或视野被裁剪，导致感知结果的准确性和稳定性受到影响。针对这一问题，BEV 感知算法通过其全局视角的处理方式提供了有效的解决方案。

BEV 感知算法能够将来自不同摄像头的感知结果进行有效的整合和去重。当多个摄像头同时捕捉到同一个目标时，BEV 感知算法能够识别这些重复的检测结果，并将它们整合为一个准确、唯一的表示。这种处理方式不仅提高了对重叠区域目标的感知精度，还确保了感知结果的稳定性和可靠性。

以一个具体的场景为例，在一个具有前方、侧方两个摄像头的自动驾驶汽车中，当两个摄像头同时捕捉到侧前方的同一辆汽车时，如果不进行处理，这辆侧前方的汽车可能会在鸟瞰视图中被重复显示。然而，通过 BEV 感知算法的处理，这两个摄像头的感知结果被有效地整合到一起，并在鸟瞰视图中只显示一次这辆侧前方的汽车。这样的处理方式为自动驾驶汽车的安全行驶提供了有力保障。

1.2 BEV 感知算法的常见范式

为了向自动驾驶感知算法提供直观且易于理解的环境表示，从而充分利用这一优势，BEV 感知算法在自动驾驶系统中得到了广泛应用。BEV 感知算法通过一种一般化的处理范式，高效地整合并呈现了车辆周围的环境信息，为自动驾驶车辆的决策和规划提供了有力支持。下面将详细介绍这一范式的关键步骤。

（1）数据获取

在这一步骤中，车辆会利用多种传感器，如摄像头和激光雷达，来捕捉周围环境的信息。摄像头可以捕获图像数据，提供环境中丰富的颜色和纹理信息；而激光雷达则生成点云数据，精确测量物体的位置以及与车辆之间的距离。

这些传感器被精心布置在车身四周，以确保能够全方位地捕捉到环境信息。通过结合图像数据和点云数据，算法能够更全面地理解车辆周围的环境。

（2）特征提取

一旦收集到原始数据，算法会对原始数据进行预处理和特征提取。图像数据的处理可能包括去噪、增强和标准化等步骤，以突出重要的视觉特征，如边缘和纹理。

点云数据的处理可能涉及点云的滤波、分割和特征计算，以提取出形状、大小和密度等关键特征。这些特征对后续的目标检测和场景理解至关重要。

（3）BEV 转换

BEV 转换是整个算法的核心部分。它的目标是将从各个传感器获得的不同视角的数据统一转换到一个鸟瞰视角下。

在这个过程中，算法需要考虑传感器的内外参数、车辆姿态以及环境的三维结构，以确保转换的准确性和一致性。通过 BEV 转换，车辆周围的环境被重新映射到一个统一的二维平面上，从而大大简化了后续的处理和分析任务。

（4）多模态特征融合

在 BEV 空间中，来自不同传感器的特征需要进行有效的融合。这一步骤旨在结合图像数据和点云数据的互补性，以提高整体感知的准确性和鲁棒性。

特征融合可以采用多种方法，如简单的叠加、加权平均，或者更复杂的深度学习模型。通过特征融合处理，算法能够充分利用多种数据源提供的信息，对周围环境进行更全面、准确的理解。

（5）具体的感知任务执行

在融合后的 BEV 特征图上，算法可以执行各种具体的感知任务。这些任务通常包括目标检测、跟踪、语义分割等。由于 BEV 提供了直观且统一的环境视图，因此这些任务变得相对容易实现。

例如，目标检测算法可以在 BEV 特征图上搜索并定位感兴趣的目标（如车辆、行人等），跟踪算法可以利用连续帧之间的信息对目标进行持续跟踪。这些感知结果对于自动驾驶系统的决策和规划至关重要。

通过以上步骤，BEV 感知算法为自动驾驶车辆提供了一个全面且直观的环境表示方法。这种方法不仅简化了感知任务的处理流程，还提高了整体感知的准确性和鲁棒性。

1.3　BEV 感知算法的分类

BEV 感知算法的核心在于其独特的视角转换，特别是通过鸟瞰视角为自动驾驶提供直观且全面的环境表示，这使得 BEV 感知算法比基于其他视角算法更具优势。为了更系统地理解 BEV 感知算法的技术框架，笔者参考了大量相关文献，并根据视角转换模块所采用的不同技术方法，将 BEV 感知算法归纳为 4 个主要类别，分别是基于单应性的方法、基于深度估计的方法、基于多层感知器的方法以及基于 Transformer 的方法。通过分类，我们可以更清晰地看到 BEV 感知算法体系的整体架构和各个组成部分之间的关系，如图 1-7 所示。同时，这样的分类也有助于我们更深入地了解和研究 BEV 感知算法的不同实现方式及其优缺点。

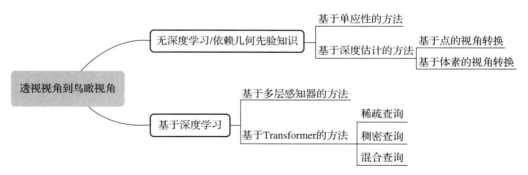

图 1-7　透视视角和鸟瞰视角转换的算法分类

1.3.1　基于单应性的方法

单应性是指两个平面之间的映射关系，它刻画了某平面上的点如何通过特定变换映射至另一平面，单应矩阵常用来表达两张图像共同平面上的点的变换关系。将透视视角（PV）转换为鸟瞰视角（BEV）的传统方法是利用两个视角图像（以下简称为视图）之间固有的几何投影关系，其核心是利用地面上的物理映射关系来桥接两个视图。这个转换过程通常会用到逆透视映射（Inverse Perspective Mapping，IPM）方法。

BEV 感知算法中的 IPM 方法是一种将车载摄像头捕获的图像从透视视角转换为鸟瞰视角的技术。这种方法通过几何变换，能够对图像中道路和车辆等物体的畸变进行校正，生成更准确的车辆行驶环境二维平面图，为自动驾驶和智能车辆导航提供重要支持。

IPM 方法引入了附加约束条件，即逆映射点严格位于水平面上，这是实现从透视视角图像到鸟瞰视角图像转换的基础。转换首先通过相机旋转的单应性进行预处理或后处理，然后进行各向异性缩放。单应性矩阵可以从相机的内外参数中导出。

然而，传统的 IPM 方法在很大程度上依赖于地面是一个平面的假设，这可能导致在检测位于地平面上方的物体时出现问题。为了解决这一问题，一些方法开始融入更多的语义信息以减少失真。例如，某些方法利用语义信息将透视图中的物体足迹转换为 BEV 中的对应表示，从而遵循了单应性隐含的"地面是一个平面"的假设。由于透视视图和鸟瞰视图之间存在明显的差异和变形，因此单纯依赖 IPM 方法往往无法生成完全无失真的 BEV 图像或语义图，因此引入生成对抗网络（GAN）方法用于提高生成的 BEV 特征或图像的真实性。GAN 方法能够有效地减轻图像的失真现象，并增强 3D 检测的准确性。

综上所述，基于单应性的方法依赖于透视视角与鸟瞰视角之间的地面物理映射关系，通过简单的矩阵乘法可以实现图像转换，同时结合语义信息和 GAN 技术能够提高转换质量。

1.3.2　基于深度估计的方法

深度信息在将 2D 像素和特征提升到 3D 空间的过程中十分重要。因此，利用深度信息的基于深度估计的方法，成为解决透视视角到鸟瞰视角转换这一问题的新趋势。在评估这些方法时，我们需要考虑视角转换的方法、是否包含深度监督以及这些方法如何与基于 IPM 的方法集成。

基于深度估计的透视视角到鸟瞰视角的转换主要有两种策略，分别为基于点的视角转换和基于体素的视角转换。基于点的方法利用深度估计将像素转换为 3D 空间中的点云，虽然相对简单，且能够集成成熟的深度估计和 3D 检测技术，但在数据安全和训练部署方面存在缺陷。基于体素的方法通过离散化 3D 空间并构建规则结构来进行特征转换，这在大规模场景结构信息的覆盖上更为有效，并且与端到端的视角转换学习范式兼容。

图 1-8 展示了基于点的方法，将 2D 图像像素转换为伪激光雷达点云，并使用点云算法进行了 3D 目标检测。

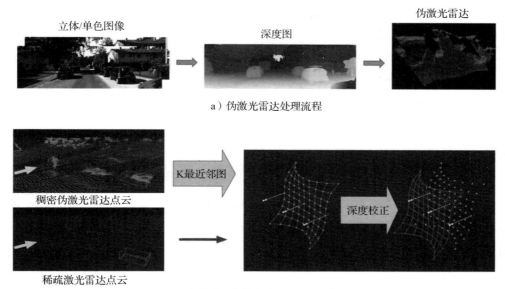

a）伪激光雷达处理流程

b）增强型伪激光雷达（以更准确深度估计）

图 1-8 基于点的视角转换方法将 2D 图像像素转换为伪激光雷达点云，并使用激光雷达进行 3D 物体检测

在估计深度分布方面，不同的方法对应不同的策略。一些方法假设特征沿射线均匀分布，而另一些方法则明确估计深度分布并使用该分布构建 3D 特征。BEVDet 方法进一步推动了基于深度估计的透视视角到鸟瞰视角转换的研究。该方法遵循了 LSS（详见 4.1.3 节及 4.1.4 节）的范式，并创新性地提出了一种专门用于 BEV 的多视图图像 3D 检测的框架。这个框架精心设计了 4 个关键组件：图像视图编码器、视角转换器、BEV 编码器和检测头。通过这些组件的协同工作，BEVDet 实现了从原始图像到精确 BEV 的转换，并进行了高效的 3D 检测。有关 BEVDet 的详细内容将在 5.1.1 节介绍。

除了单目深度估计，立体匹配在多视图设置下能够更为准确地估计深度信息，进一步提升估计精度。在早期的多视图设置研究中，为了实现全覆盖并减少摄像头数量，相邻视图间通常设置大量的重叠区域。然而，这种做法导致了深度估计更加依赖单目理解，从而增加了估计的复杂性。相比之下，基于 BEV 的方法在多视图感知方面更具优势，尤其在双目设置下，深度估计的表现更为突出。近年来的双目方法创新性地利用平面扫描表示来进行立体匹配和深度估计，通过精巧地从平面扫描特征体积中对体素和 BEV 特征进行采样，实现了更为精确的 3D 检测。

基于深度估计的方法通过利用深度信息将 2D 像素和特征提升到 3D 空间，实现更精确的视角转换和 3D 检测，进一步提高了算法的性能和效率。

1.3.3 基于多层感知器的方法

基于多层感知器（MultiLayer Perception，MLP）的方法利用多层感知器作为复杂的映射函数，将输入映射到不同模态、维度或表示的输出上，以实现从透视视角到 BEV 视角的转换。

为了消除相机校准设置中的继承感应偏差，一些方法采用 MLP 来学习相机校准的隐式表示。例如，视图解析网络（View Parsing Network，VPN）选择了两层 MLP，利用全局感受野的需求，通过"关注-映射-重塑"的过程将每个 PV 特征图转换为 BEV 特征图，然后添加来自不同相机的所有特征图以进行多视图融合。金字塔占用网络（Pyramid Occupancy Networks，PON）则是基于网络对于将特征映射到 BEV 的大量垂直上下文的需求，利用特征金字塔提取多个分辨率的图像特征，使用 MLP 沿高度轴折叠图像特征并沿深度轴扩展来执行视图变换，如图 1-9 所示。

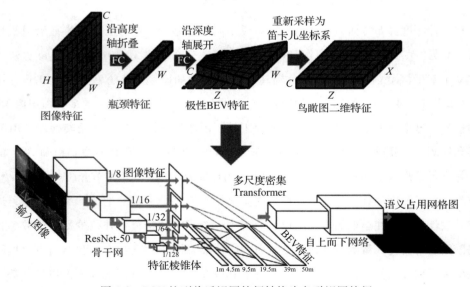

图 1-9 PON 按列将透视图特征转换为鸟瞰视图特征

基于 MLP 的方法利用多层感知器作为映射函数,实现了视角间的转换,为自动驾驶等应用提供了重要的感知能力。

1.3.4 基于 Transformer 的方法

除了上述方法外,Transformer 也是将透视视角图像映射到鸟瞰视角图像的出色解决方案。

基于 Transformer 的方法设计一组 BEV 查询,结合其位置编码,利用 BEV 查询和图像特征间的交叉注意力机制执行视角转换。特斯拉是第一个使用 Transformer 将透视视图特征投影到 BEV 平面上的公司。

根据查询的粒度,基于 Transformer 的方法可分为基于稀疏查询、基于密集查询和基于混合查询三类。这里主要介绍前两类。基于稀疏查询的方法可以产生稀疏感知结果,适用于以目标为中心的感知任务,但在密集感知任务中面临挑战。基于密集查询的方法在三维空间或 BEV 空间中预先分配空间位置,通过 BEV 查询和图像特征间的交互实现密集 BEV 表示,支持多种下游任务。

基于稀疏查询的方法虽在目标检测中表现出色,但其 3D 表示缺乏几何结构意义,不适用于密集预测任务;而密集查询能为 BEV 空间提供丰富的表示,但大量查询导致计算负担沉重,这就要求注意力机制更高效。

DETR3D 是一种典型的基于 Transformer 的方法。它遵循稀疏查询的框架,专注于多相机输入的 3D 检测,通过基于几何的特征采样过程取代交叉注意力,并使用校准矩阵将参考点投影到图像平面上,实现对应的多视图、多尺度图像特征的采样,以进行端到端的 3D 边界框预测。有关 DETR3D 的详细介绍见 6.2.2 节。

在 Transformer 中,交叉注意力表现出与数据相关的特性,一方面,其加权矩阵会受到输入数据的影响。这种对数据的依赖使得 Transformer 在表达上更加丰富,但同时也增加了训练的难度。另一方面,由于交叉注意力是排列不变的,Transformer 需要借助位置编码来区分输入的序列顺序。

基于 Transformer 的方法能够利用注意力机制和位置编码实现视角转换,为感知提供有效的解决方案。为了进一步提升算法性能,越来越多的方法开始尝试将 3D 几何约束引入基于 Transformer 的透视视角到鸟瞰视角转换的框架中,以增强网络对空间关系的感知能力,提高转换效率和准确性。

根据输入模态划分，BEV 感知算法可以分为以下两种类型。

基于图像的 BEV 感知算法：这类算法主要依赖视觉传感器，如摄像头获取的图像数据。它们将多个视角的图像序列转换为 BEV 特征，用于后续感知任务，如输出物体的 3D 检测框或鸟瞰视图下的语义分割。这类算法充分利用了视觉感知的丰富语义信息，但可能受到深度测量准确性的限制。

基于多模态的 BEV 感知算法：这类算法融合了来自不同传感器（如视觉传感器、激光雷达、毫米波雷达等）的信息，以构建 BEV 特征。这种融合可以取长补短，充分利用各种传感器的优点，弥补各自的不足。

1.4 BEV 感知算法的不足

前文详细介绍了 BEV 感知算法相比其他视图空间的视角算法的优势。然而，根据实践经验，可以总结出 BEV 算法在以下 4 个方面仍存在不足之处。

（1）Transformer 的部署问题

在 BEV 感知算法的视角转换方法中，有一类代表方法是使用 Transformer 模型作为视角转换的算法模块。Transformer 模型虽然在许多任务上表现出色，但在部署方面确实存在挑战。这种模型通常需要大量的计算资源，使得在一些资源受限的环境中，如边缘设备上，部署变得困难。此外，在跨传感器融合方面，由于需要处理不同传感器数据的时间和空间对齐问题，也增加了部署的难度。因此，开发更轻量、更易于部署的模型是一个重要的研究方向。

（2）无效体素的处理问题

BEV 感知算法的原点设定在车辆本体的中心，这种设置本质上构建了一种以自我为中心的感知框架。在这种框架下，车辆的所有感知和决策都围绕其自身进行。然而，这种以自我为中心的感知方法在 BEV 空间中的表达效率并不高。

具体来说，当使用体素（Voxel）作为空间的基本表达单元时，会面临一个显著的问题：大部分体素并不包含对车辆决策有用的信息。这些"空白"或"无效"的体素不仅占用了存储空间，还在计算过程中消耗了不必要的计算资源，从而导致了整体效率的降低。

为了解决这一问题，研究者们正在探索多种可能的解决方案。其中一个直观且有效的方法是采用更为高效的数据表示方法。例如，可以只关注那些包含有用信息的体素，而忽略其余的无效部分。这种方法需要对数据进行预处理，以识别和提取出关键信息，但其优点是可以显著减少后续需要处理的数据量，从而提高效率。

另一种方法是采用更紧凑的数据结构来存储和处理体素信息。这种数据结构可以更有效地利用存储空间，并在计算过程中减少不必要的资源消耗。例如，可以使用稀疏矩阵或压缩技术来表示体素数据，从而在不损失信息的前提下提高存储和计算效率。

（3）BEV 的覆盖距离有限问题

BEV 感知算法虽然在自动驾驶等领域为环境感知和理解提供了直观且有效的手段，但其本身存在一个固有的局限性：通常只能覆盖车辆周围有限的距离。这一局限性主要源于其表示方式和计算资源的限制。具体来说，由于 BEV 是将三维空间投影到二维平面上进行表示，因此随着距离的增加，空间分辨率逐渐降低，使得远处的物体难以被准确感知和识别。

为了扩大 BEV 的感知范围并克服其局限性，可以考虑采用多尺度的表示方法。这种方法将空间划分为不同的尺度，并在每个尺度上进行独立的表示和处理。通过这种方式，可以实现对远处物体的有效感知，同时保持对近处物体的精细表示。具体而言，对于远处的物体，可以采用较粗的尺度进行表示和处理，以节省计算资源并提高处理速度；而对于近处的物体，则可以采用较细的尺度进行精确感知和识别。

此外，为了进一步提高计算效率，可以在不同的尺度上进行空间稀疏化。这意味着在每个尺度上，只关注那些包含有用信息的部分，而忽略其余的无效或冗余信息。通过这种方式，可以显著减少需要处理的数据量，并降低计算复杂度和资源消耗。同时，通过合理地选择稀疏化的策略和方法，还可以在不损失关键信息的前提下实现高效的空间表示和处理。

（4）稀疏化模型的部署问题

稀疏化模型通过减少模型中的冗余参数，可以显著降低计算量和存储需求，为实际应用带来诸多优势。然而，如何有效地部署稀疏化模型并充分发挥其性能优势，仍然是一个具有挑战的问题。

在硬件方面，传统的计算硬件（如 CPU 和 GPU）并不是为稀疏计算而设计的，因此在处理稀疏化模型时可能无法充分利用其稀疏性带来的计算优势。为了解决这个问题，一种可行的解决方案是采用专门的硬件设计，以适应稀疏计算的模式。例如，可以设计专门的稀疏矩阵乘法器或稀疏计算加速器，以更高效地处理稀疏化模型中的计算任务。

这种专门的硬件设计可以针对稀疏化模型的特点进行优化，从而显著提高计算效率和资源效率。

在软件方面，也可以考虑采用一系列优化方法来充分利用稀疏性带来的计算优势。例如，可以使用动态调度算法来优化稀疏计算任务的分配和执行顺序，以确保计算资源得到最有效的利用。此外，还可以采用稀疏感知的编译器和优化器来自动调整稀疏化模型的计算和执行策略，以进一步提高计算效率。

另外，对于稀疏化模型的部署，还需要考虑与其他系统组件的兼容性和协同工作的问题。例如，需要与操作系统、驱动程序、运行时库等进行良好的交互和配合，以确保稀疏化模型能够在各种实际应用场景中顺利运行并取得最佳性能。

1.5 本章小结

本章综合介绍了在自动驾驶核心领域扮演关键角色的 BEV 感知算法。该算法能将多源异构传感器数据整合至统一的鸟瞰视图，实现全面、连贯的环境感知，解决数据的多样性与不一致性问题。

BEV 感知算法优势明显：与下游任务模块无缝对接，促进多传感器高效融合，提升感知精确度与鲁棒性，尤其利于纯视觉系统，可以有效整合重复信息，增强目标识别的准确性和稳定性。在实践过程中，BEV 感知算法展现了几何变换、深度学习等多种实现范式，根据具体实现途径的不同，可分为基于单应性、深度估计、多层感知器及 Transformer 等的方法，它们分别有其适用场景。

尽管优势显著，但 BEV 感知算法也面临四大挑战：Transformer 模型部署难度高，特别是在资源有限的环境下存在计算与存储负担；覆盖距离受限，影响全面环境监测；稀疏模型的有效实施尚需技术突破；处理体素数据时效率低下，造成资源浪费。目前，研究人员正在积极寻求策略来克服这些挑战，推动 BEV 感知算法性能与实用性的持续进步。

第 2 章

BEV 感知算法的数据集

在研究任何算法时,技术的深度和广度固然重要,但更为核心的是构建一个合理且高质量的数据集。这是因为数据集的质量直接决定了训练出的算法模型的表现效果及其适用的具体场景。更为重要的是,数据集本身便为算法的效果评价设定了明确的标杆。这一点在自动驾驶感知算法的研究中体现得尤为明显。

为了实现汽车对周围环境的精准、实时感知,科研人员已经探索并开发出了众多的感知算法。然而,如何客观地评价这些算法的性能?如何确切地知道每一次的优化和改进是否真正提升了算法的效果?这时候,数据集就扮演了至关重要的角色。数据集不仅为算法提供了"试炼场",还是衡量算法进步与否的"尺子"。

像 KITTI、nuScenes 这样的数据集,凭借其庞大的数据规模、多样化的场景以及详尽的标注信息,已经成为自动驾驶领域研究的宝贵资源。它们不仅为自动驾驶技术的深入研发提供了坚实的数据支撑,还为自动驾驶技术的实际应用和推广打下了坚实的基础。正是因为有了这些数据集,我们才能更为准确地评估和优化自动驾驶感知算法,从而推动整个行业的持续进步。

2.1 KITTI 数据集

KITTI 数据集是移动机器人和自动驾驶领域的重要资源,由德国卡尔斯鲁厄理工学院和美国丰田技术研究院于 2012 年共同创建。该数据集通过多种车载传感器,采集真实场景下的图像和点云数据,以及其他环境信息,旨在支持自动驾驶算法的开发和评估。

KITTI 数据集配备了双目彩色相机、灰度相机、光学镜片、64 线激光雷达和组合导航系统,可获取全方位的图像和点云数据,以及车辆位置、方向和速度信息,KITTI 传感器配置如图 2-1 所示。数据集包含多种道路场景的训练和测试数据,标注主要集中在汽车、行人和骑行者等目标上。

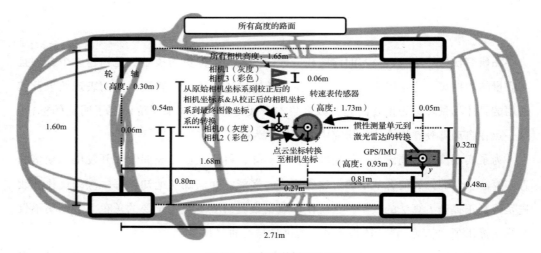

图 2-1　KITTI 传感器配置

KITTI 数据集已成为自动驾驶算法研究的重要基准,广泛应用于物体检测、语义分割和行为预测等任务。其丰富的传感器配置和精准的标注信息为自动驾驶技术的发展提供了有力支持。

本节将对 KITTI 数据集进行详细说明。

1. 数据下载

在官网界面,你可以根据需要下载以下数据。

(1) 视图数据

1) 左视图数据：目标数据集的左侧彩色图像数据，大小约为 12GB。这些数据主要适用于单目或双目视觉模型。如果你只关注基于单目图像或激光雷达点云的 3D 目标检测，那么只需下载这部分数据。

2) 右视图数据：与左视图数据相对应，用于构建双目视觉模型。若你的研究或应用需要双目视觉信息，请同时下载右视图数据。

(2) 点云数据

这部分数据由激光雷达捕获，反映场景的三维结构信息，总大小约为 29GB。如果你的算法或模型需要使用到激光雷达信息，那么这部分数据是必需的。

(3) 标注和转换矩阵

这是一个较小的数据集（约 5MB），但包含了训练数据集中目标的所有标注信息，以及相机与激光雷达之间的转换矩阵。对需要进行监督学习或需要校准多传感器数据的任务来说，这部分数据都是至关重要的。请确保在下载主数据集的同时，也下载这部分数据以支持研究或开发工作。

2. KITTI 数据集内容

KITTI 数据集包含了原始及经过同步和校正处理的双目灰度图像序列（以 PNG 格式存储，分辨率约 1240×370）、3D 激光雷达点云数据（每帧约含 10 万个点，以二进制 bin 格式存储）、3D GPS/IMU 数据（涵盖位置、速度、加速度等，以 txt 格式存储）、校正文件（涉及相机参数及其与 GPS/IMU、激光雷达间的转换关系，同样以 txt 格式存储）以及 3D 目标检测标签（包含汽车、行人等多个类别，以 XML 格式存储）。

3. 数据集文件夹分布

在自动驾驶领域，KITTI 数据集是一个广泛使用的、用于多种感知任务的标准数据集。其文件夹结构经过精心设计，便于研究者高效地存储、访问和使用数据。以下是对 KITTI 数据集文件夹结构的详细介绍。

1) KITTI_DATASET_ROOT：数据集的根目录，也是包含训练和测试数据的主要文件夹。

2) training：包含 7481 个训练数据样本。这些数据通常用于训练机器学习模型或进行其他形式的数据分析。

3) image_2（训练场景）：存储用于可视化的彩色图像。这些图像对理解场景内容、调试算法和展示结果非常有帮助。

4）calib（训练场景）：包含相机的内外参数。这些信息对于对齐图像数据与其他传感器（如激光雷达）的数据来说至关重要，能够在三维空间中准确理解场景。

5）label_2：包含用于训练和评估的标签数据。标签通常包括物体（如车辆、行人等）的边框位置、类别和其他属性，是监督学习中的关键元素。

6）velodyne（训练场景）：存储原始的激光雷达数据。这些数据提供了场景的三维结构信息，对障碍物检测、场景理解等任务至关重要。

7）velodyne_reduced（训练场景）：一个空目录，通常用于存储基于图像大小进行视锥体缩减处理后的激光雷达数据。这种缩减有助于减少数据处理的计算量，同时仍然能够保留足够的信息来执行准确的感知任务。不过在使用这个目录前需要预先填充相应的缩减数据。

8）testing：包含 7518 个测试数据样本。这些数据用于评估训练好的模型的性能，通常不包含在训练过程中。

9）image_2（测试场景）：与训练数据中的 image_2 文件夹类似，该文件夹存储测试数据的彩色图像，用于可视化和结果展示。

10）calib（测试场景）：同样包含相机的内外参数信息，这些信息对测试数据的处理同样重要。

11）velodyne（测试场景）：存储测试数据的原始激光雷达扫描信息，用于在三维空间中进行精确的场景感知。

12）velodyne_reduced（测试场景）：也是一个空目录，用于存储缩减后的激光雷达数据。在处理测试数据时，这个目录也需要预先填充相应的缩减数据。

KITTI 数据集的文件夹结构清晰、有序，使得研究者能够轻松地访问和使用所需的数据。同时，数据集提供了丰富的标注信息和多模态传感器数据（如图像和点云数据），为自动驾驶领域的感知算法研究提供了有力的支持。

4. 文件说明

在自动驾驶数据集中，一些关键文件扮演着重要角色。其中，时间戳文件（timestamps.txt）能够确保不同传感器数据的时序一致性，实现精确对齐。图像文件夹（image_0x）存储经过预处理和校正的相机图像，可以减少无关信息并降低计算量。GPS/IMU 数据（oxts/frame_number.txt）提供车辆动态行为和场景上下文。激光雷达点云数据

（velodyne_points）呈现丰富的三维场景结构，支持障碍物检测等任务。标注文件（tracklet_labels.xml）包含物体类别、大小和位置信息，对监督学习至关重要。校正参数压缩文件（data_calib.zip）确保多传感器数据的一致性和准确性。相关坐标值示意图有助于直观理解激光雷达点云数据，如图 2-2 所示。

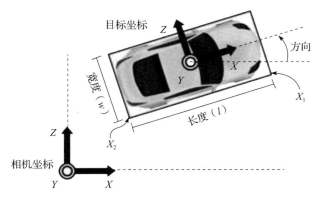

图 2-2　坐标值示意图

5. 标注信息

KITTI 数据集的物体标注文件包括图像数据信息和点云数据信息。

具体而言，目标标注涉及图像或点云上的数据标注。转换矩阵用于处理多传感器之间的位置关系，以实现 2D 图像目标和 3D 点云目标之间的双向转换，多传感器的安装位置如图 2-3 所示。

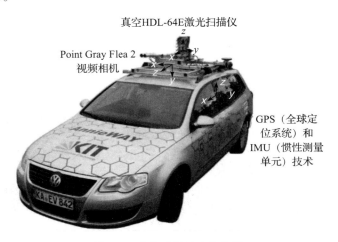

图 2-3　多传感器的安装位置

式（2-1）描述了一个完整的从点云坐标系到最终图像坐标系的转换过程，涵盖了空间转换、畸变校正和内参转换等关键步骤。

$$y = P_{\text{rect}}^{(i)} R_{\text{rect}}^{(0)} T_{\text{velo}}^{\text{cam}} x \tag{2-1}$$

其中：

x 是用来表示在激光雷达坐标系中的点的向量，其中包括点的三维坐标和一个比例因子（通常设为 1）。

$T_{\text{velo}}^{\text{cam}}$ 是一个 4×4 的转换矩阵，用于表示从激光雷达坐标系到未校准相机坐标系的转换。它包括旋转和平移部分，可以将激光雷达坐标系中的点转换到相机坐标系中。

$R_{\text{rect}}^{(0)}$ 是一个畸变校正矩阵，用于图像的成像平面校准。乘以这个矩阵后，原本点的坐标被转换到已经校准后的相机坐标系下，实现对原本相机坐标的校正。

$P_{\text{rect}}^{(i)}$ 是相机的内参矩阵，包含相机的焦距、主点坐标等信息。乘以这个矩阵后，可以将校准后的相机坐标转换为最终的图像坐标 y。

整个公式的计算过程是从右到左的，首先将点从激光雷达坐标系转换到未校准的相机坐标系，然后进行校正，最后投影到图像平面上。这是 3D 点云数据与图像数据融合的关键步骤。

（1）图像数据

图像数据的标注按场景提供，每一行表示一个物体的标注。从标注文件夹中的 readme.txt 文件中可以了解如何获取标注数据的 txt 文件，以及标注文件各个字段的含义。readme.txt 文件详细介绍了子数据集的样本容量、label 类别数目、文件组织格式、标注格式以及评价方式等内容。

文件的标注也是根据特定场景提供的，每个文件名都对应一个唯一的场景编号，而文件的内容则描述了该场景中的各个物体。以编号为 000000 的场景为例，这是一个未经标注的 PNG 图片文件，如图 2-4 所示。

图 2-4　未标注信息的 PNG 图片

文件中的每一行都代表一个物体的标注，如图 2-5 所示。其中，第二行"Car 0.00 2 1.75 …"详细描述了当前场景中车辆的位置、尺寸、被遮挡或被截断的情况等。这种标注方式允许研究人员准确地理解和分析场景中的物体，从而有助于开发和测试相关算法和模型。

```
Car 0.00 0 -1.50 601.96 177.01 659.15 229.51 1.61 1.66 3.20 0.70 1.76 23.88 -1.48
Car 0.00 2 1.75 600.14 177.09 624.65 193.31 1.44 1.61 3.66 0.24 1.84 66.37 1.76
Car 0.00 0 1.78 574.98 178.64 598.45 194.01 1.41 1.53 3.37 -2.19 1.96 68.25 1.75
DontCare -1 -1 -10 710.60 167.73 736.68 182.35 -1 -1 -1 -1000 -1000 -1000 -10
DontCare -1 -1 -10 758.52 156.27 782.52 179.23 -1 -1 -1 -1000 -1000 -1000 -10
```

图 2-5　000009.txt

下面以 000009.txt 文件的第一行标注数据为例进行具体分析和说明。

1）Car：此字段表示被标注物体的类别。Car 表示该物体是一辆车。

2）0.00：此字段表示当前标注物体被截断的程度。数值越高，表示截断越严重。此标注依赖于标注人员的主观经验。

3）0：此字段表示当前标注物体被遮挡的程度。遮挡的标注是一系列离散值。0 表示无遮挡，1 表示部分遮挡，2 表示严重遮挡，3 表示由于距离过远，遮挡状况不明。此标注同样依赖于标注人员的主观经验。

4）-1.50：此字段以弧度值表示，描述当前标注物体与相机之间的夹角，即观测角度。

5）601.96 177.01 659.15 229.51：这 4 个数值作为整体，用来标注一个 2D 的边界框，表示物体在图像中的位置。前两个值表示当前框的左上角坐标，后两个值表示当前框的右下角坐标。

6）1.61 1.66 3.20：此字段表示当前标注物体的 3D 尺寸，包括目标的高度、宽度和长度。标注参考单位为米。

7）0.70 1.76 23.88：此字段表示当前标注物体在三维场景下的中心点坐标。

8）-1.48：此字段表示物体在该位置以此类推存在的概率，即置信度得分。这是网络预测后需要提供的结果。

（2）点云数据

点云数据是通过激光照射到物体表面并反射回来而产生的一组信息，通常包括三维空间坐标（x,y,z）和反射率信息。

Velodyne 3D 激光扫描数据通常存储在名为 velodyne_points 的文件夹中。每个扫描数

据都以尺寸为 $N×4$ 的矩阵形式存储在二进制文件中，以节省存储空间。其中 N 代表激光点云中点的个数。这个矩阵结构由浮点值组成，其中前三个值代表 x、y 和 z 坐标，第 4 个值代表反射率信息（如反射强度）。这些值按行对齐存储，即矩阵中的前 4 个值对应第一个测量值。

在数据读取方面，有几个关键步骤。

1）由于每次扫描可能具有不同的点数，因此在读取数据之前，必须根据文件大小确定扫描点数。

2）为了实现数据读取，需要分配一个缓冲区，并将指针设置为 x、y、z 和反射率信息。

3）从二进制文件中加载点云数据，并将每个点推入点云数据结构中。

这一系列操作能够确保点云数据的准确读取和存储，为后续的分析和处理打下基础。通过这种方式，点云数据不仅捕获了物体表面的几何形状，还捕获了物体表面的反射特性，从而为各种应用，如三维重建、物体识别和导航等，提供丰富的信息。

以某一场景的点云数据文件为例，如图 2-6 所示，每一行代表一个点，每个点由 4 个值组成。

```
76.535  4.620  2.802  0.00
76.522  4.740  2.802  0.00
76.353  4.970  2.796  0.00
75.236  5.134  2.759  0.00
75.311  5.377  2.762  0.00
75.460  5.626  2.768  0.00
75.816  5.892  2.781  0.00
76.343  6.175  2.799  0.00
75.316  6.210  2.765  0.00
76.130  6.519  2.793  0.00
75.339  6.689  2.767  0.00
76.201  7.007  2.797  0.00
60.033  5.705  2.248  0.00
60.121  5.904  2.252  0.00
57.580  5.837  2.166  0.07
57.543  5.924  2.165  0.15
57.429  6.095  2.162  0.10
57.388  6.273  2.161  0.00
```

图 2-6　点云数据文件

通过这些数据，我们可以观察到以下特点。

1）空间分布：x 坐标的范围从 57.388 到 76.535，y 坐标的范围从 4.620 到 7.007，z 坐标的范围从 2.161 到 2.802。这些坐标描述了点云在三维空间中的分布。

2）反射强度：大部分点的反射强度为 0.00，但也有一些点的反射强度略有不同，例如 0.07、0.15 和 0.10。反射强度可以提供有关物体表面材质的信息。

3）结构信息：通过 x、y 和 z 坐标，我们可以推断出点云的几何结构和形状。例如，连续的点可能代表物体表面的一部分。

4）可能的异常值：某些点的坐标可能与周围点的坐标有显著差异，这可能表示存在噪声或其他异常情况。

总体而言，这些点云数据为三维重建、物体识别和导航等任务提供了丰富的信息。

6. KITTI 标定（校准）文件

KITTI 标定（校准）文件的主要目的是将激光雷达坐标系中测得的点云坐标转换到相机坐标系中。这些相关参数被存储在 data object calib 目录中，该目录下包括 7481 个训练标定文件和 7518 个测试标定文件。

标定文件采用文本文件（txt）格式进行存储，并按以下结构组织。

1）训练标定文件：存储在"data_object_calib/training/calib"目录下，文件名格式为"xxxxxx.txt"，其中 xxxxxx 代表具体的文件编号，共包含 7481 个训练标定文件。

2）测试标定文件：存储在"data_object_calib/testing/calib"目录下，文件名格式同样为 xxxxxx.txt，共包含 7518 个测试标定文件。

这些标定文件为 KITTI 数据集中的点云数据与图像数据之间的转换提供了必要的参数和转换矩阵，从而确保了不同传感器数据之间的一致性和准确性，为后续的分析和处理提供了基础。

7. 噪声来源

当前 KITTI 数据集标注的噪声来源一般是由标注人员的主观差异所引发的标注错误。

2.2 nuScenes 数据集

nuScenes 是一个由 Motional 团队发布的大规模自动驾驶数据集，包含在美国波士顿和新加坡采集的 1000 个驾驶场景。它涵盖了 140 万张标注图像、39 万组激光雷达点云数据，并标注了 23 个物体类别和 140 万个三维检测框。数据集配备了丰富的传感器阵列，包括激光雷达、毫米波雷达、摄像头、GPS 和 IMU，能够全方位捕捉环境信息。nuScenes 在数据采集速率和参数上均优于其他数据集，其激光雷达采集速率高达 20Hz。nuScenes 数据集支持自动驾驶算法的训练和验证，为物体检测、分类、跟踪等任务提供了丰富和精确的信息，具有广泛的应用价值和研究潜力。nuScenes 数据集的传感器配置精密且全面，如图 2-7 所示。

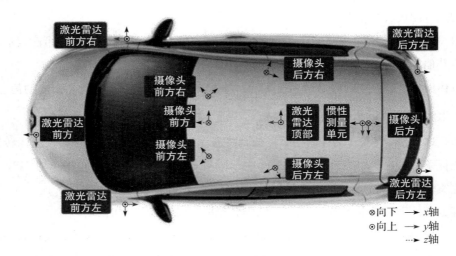

图 2-7　nuScenes 传感器配置

对于自动驾驶和机器视觉方面的研究者而言，高质量且详细的标注数据集至关重要。nuScenes 便是这样一个数据集，它提供多样的驾驶场景数据，适用于多种感知任务。

1. 数据集下载

nuScenes 官网提供了不同版本的数据集下载服务，以满足不同需求，其中，mini 版本适合存储进行有限或初步实验的用户。此外，官网还提供数据格式、API 文档、示例代码等资源，有助于理解和使用数据集，开发算法，以及解决问题。nuScenes 官网会引导用户至数据集下载界面，如图 2-8 所示。

Full dataset (v1.0) ^

In March 2019 we released the full nuScenes dataset with 1000 scenes. Due to the huge size of the dataset, we provide the mini, trainval and test splits separately. Mini (10 scenes) is a subset of trainval used to explore the data without having to download the entire dataset. Trainval (700+150 scenes) is packaged into 10 different archives that each contain 85 scenes. Test (150 scenes) is used for challenges and does not come with object annotations. Alternatively, it is also possible to download only selected modalities (camera, lidar, radar) or only keyframes. The meta data is provided separately and includes the annotations, ego vehicle poses, calibration, maps and log information.

Mini ⌄

Subset of trainval, 10 scenes, used to explore the data without downloading the whole dataset.

↓ Metadata and sensor file blobs [US, Asia] 3.88 GB (4167696325 Bytes) md5: 791dd9ced556cfa1b425682f177b5d9b

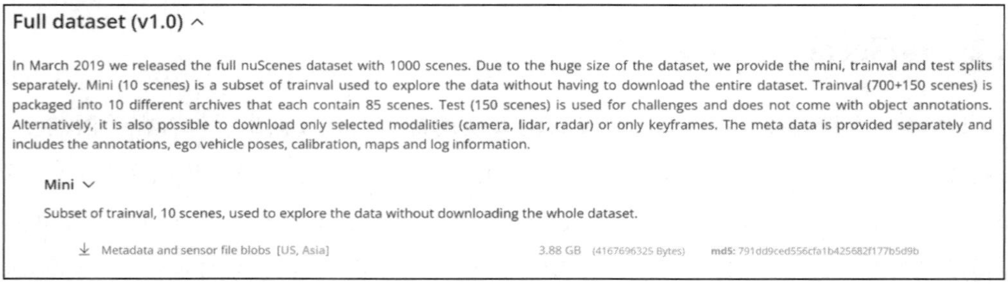

图 2-8　数据集下载界面

2. nuScenes 数据集内容

nuScenes 是一个专为自动驾驶研究设计的大型多模态数据集，它集成了从多种传感器捕获的详尽数据，旨在为计算机视觉和机器学习任务构建一个全面且真实的驾驶环境视图。该数据集涵盖了传感器数据和标注与元数据两大部分。传感器数据包括：

1）140 余万覆盖车辆 360 度视野的相机图像（JPEG 格式），这些图像展现了多样化的天气和光照条件；

2）约 39 万个激光雷达扫描结果，每个扫描结果都含有数百万个精确的点云数据点，这些数据以二进制格式存储，并携带三维坐标和反射强度信息，对障碍物检测和道路几何形状估计等任务至关重要；

3）140 万个毫米波雷达扫描结果，能够穿透恶劣天气提供物体距离和速度信息；

4）栅格化和矢量化两种地图文件，分别用于道路网络的鸟瞰视图和详细的道路几何形状、交通标志等信息的展示。

在标注与元数据方面，nuScenes 为 23 个不同的物体类别提供了标注信息，这些标注信息包括三维边界框、方向和速度等属性，并将数据集分割为训练、验证、测试和 mini 等部分，以便于实验和评估。数据集的结构设计注重层次性和模块化，包括描述数据采集交通工具信息的 Vehicle 部分，将采集目标分级的 Extraction 部分，表示特定驾驶情况的 Scene 部分，以及带有注释的 Sample 和细化传感器输出的 Sample_data 部分。同时，Annotation 部分涉及数据集中目标的标注过程，Taxonomy 部分定义了目标的类别和层次结构。这种结构化的组织方式为信息提取、场景重建、传感器融合、目标检测与跟踪等研究任务提供了有力支持，也为研究人员灵活地获取和使用数据提供了便利，nuScenes 数据集结构如图 2-9 所示。

3. 数据集文件夹分布

nuScenes 数据集的组织结构直观且易于使用，主要由 4 个核心文件夹构成。

1）maps 文件夹：包含所有地图文件，提供道路网络的详细视图，地图文件虽在 3D 检测中应用较少，但在路径规划等后续决策阶段至关重要。maps 文件夹中的图像和文件为研究人员提供了一个清晰的驾驶环境视图，有助于研究人员增强对场景的理解和分析，如图 2-10 所示。

2）samples 文件夹：存储关键帧的传感器数据，这些经精心挑选和标注的关键帧富含车辆位置、行人动态等信息，是训练和验证模型的关键数据来源。

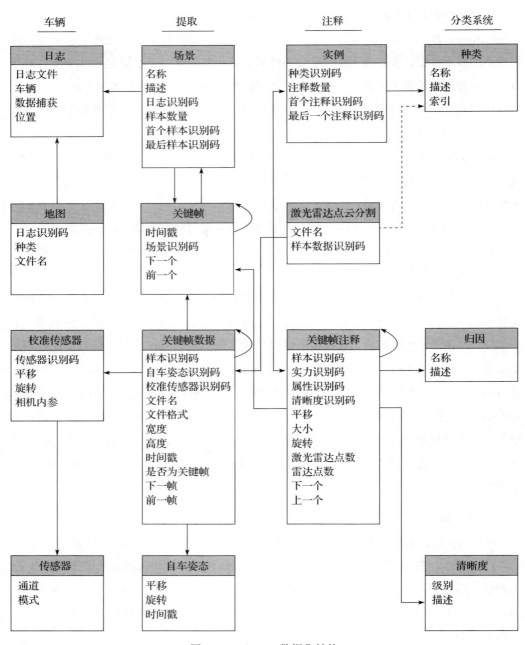

图 2-9　nuScenes 数据集结构

注：星号（*）用于突出显示修改。

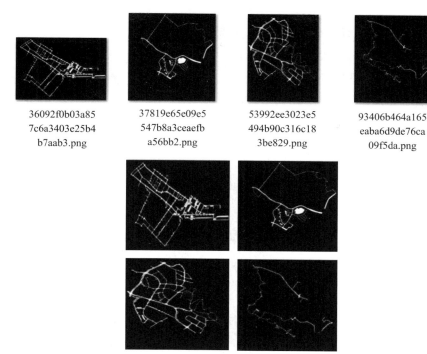

图 2-10 maps 文件夹中的图像和文件

3) sweeps 文件夹：包含未标注的中间帧数据，可用于自监督学习等任务，可以充分挖掘数据集潜力。

4) v1.0-version 文件夹：以 JSON 表格形式存储元数据和标注信息，涵盖车辆轨迹、行人位置等，对训练模型、评估算法和场景分析至关重要。同时，这些数据按用途进一步地细分，便于针对性实验和评估。

这种结构设计使 nuScenes 成为一个全面、灵活且易用的数据平台，有力推动自动驾驶和计算机视觉研究进展。

4. 文件说明

以下是 nuScenes 数据集中各个 JSON 文件的详细描述。

1) attribute.json：描述物体实例的属性，如驾驶状态。

2) calibrated_sensor.json：包含已校准传感器的标定数据。

3) category.json：描述物体类别。

4）ego_pose.json：描述车辆在特定时刻的姿态。

5）instance.json：描述物体实例的连续观察。

6）log.json：记录数据收集日志信息。

7）map.json：描述地图信息。

8）sample.json：描述数据集中的样本。

9）sample_annotation.json：对 3D 边界框和物体的标注。

10）sample_data.json：描述样本中的传感器数据。

11）scene.json：描述数据集中的场景。

12）sensor.json：描述使用的传感器。

13）visibility.json：描述物体可见性。

每个 JSON 文件都提供唯一 ID 和描述性名称，以关联和管理数据集中的不同元素，从而支持自动驾驶和计算机视觉任务的需求。

5. 标注信息

在 nuScenes 数据集中，图像和激光的时间戳分别代表相机开始曝光和激光扫描结束的时刻。激光扫描到相机视场（Field of View，FoV）中心时会触发相机曝光，一圈扫描可触发 6 次曝光。定位数据生成分两个阶段：首先离线使用激光点云创建高清地图；然后在线结合里程计和激光数据，采用蒙特卡洛定位算法实现车辆定位，误差可控制在 10cm 内。官方提供的数据集开发工具 nuscenes-devkit 简化了数据读取、索引和可视化操作，可通过 Python 的包管理工具 pip 进行安装。

数据集分为 mini、trainval、test 三部分，它们结构相同，都分为 scene、sample、sample_data 三个文件层级，可通过 token 访问。每个 scene 文件包含约 20s 的视频片段，约 40 个关键帧。每个 sample 文件对应一个关键帧，存储各类传感器 token 信息，而 sample_data 文件是这些 token 指向的实际数据，如图像路径、位姿、传感器标定和 3D 标注信息等。目标标注信息包括可见程度、类别、3D 框位置和尺寸等字段。nuScenes 涉及 4 个坐标系，分别为全局、车身、相机和激光坐标系，所有转换需先转换至车身坐标系。各坐标系转换关系详见第 4 章。

6. 数据集解析

nuScenes 官方提供了一套专门的数据集开发工具包，名为 nuscenes-devkit，该工具包集成了数据读取、索引、可视化等常用功能，为研究人员和开发人员提供了便捷的接口。

该工具包可以通过 pip 进行安装，安装命令如下：

```
pip install nuscenes-devkit
```

nuscenes-devkit 的使用相当直观和方便，官方网站上提供了详细的教程和示例代码，因此此处不再赘述其具体使用方法。然而，在使用 nuScenes 解析库时，必须确保 v1.0-version 等 4 个核心文件夹位于同一级目录下，否则解析过程中可能会遇到困难。

（1）场景

场景（scene）是 nuScenes 数据集中的一个重要概念，代表了一系列连续的样本。通过使用以下命令，用户可以方便地查看数据集中的所有场景，从而进一步进行分析和处理。

```
nusc.list_scenes()
```

mini 数据集共包含 10 个独立的场景。每个场景都包括了约连续 20s 的所采集到的相关信息，示例如图 2-11 所示。

```
nusc.list_scenes()
scene-0061, Parked truck, construction, intersectio...  [18-07-24 03:28:47]  19s, singapore-onenorth, #anns:4622
scene-0103, Many peds right, wait for turning car, ...  [18-08-01 19:26:43]  19s, boston-seaport, #anns:2046
scene-0655, Parking lot, parked cars, jaywalker, be...  [18-08-27 15:51:32]  20s, boston-seaport, #anns:2332
scene-0553, Wait at intersection, bicycle, large tr...  [18-08-28 20:48:16]  20s, boston-seaport, #anns:1950
scene-0757, Arrive at busy intersection, bus, wait ...  [18-08-30 19:25:08]  20s, boston-seaport, #anns:592
scene-0796, Scooter, peds on sidewalk, bus, cars, t...  [18-10-02 02:52:24]  20s, singapore-queensto, #anns:708
scene-0916, Parking lot, bicycle rack, parked bicyc...  [18-10-08 07:37:13]  20s, singapore-queensto, #anns:2387
scene-1077, Night, big street, bus stop, high speed...  [18-11-21 11:39:27]  20s, singapore-hollandv, #anns:890
scene-1094, Night, after rain, many peds, PMD, ped ...  [18-11-21 11:47:27]  20s, singapore-hollandv, #anns:1762
scene-1100, Night, peds in sidewalk, peds cross cro...  [18-11-21 11:49:47]  19s, singapore-hollandv, #anns:935
```

图 2-11　mini 数据集示例

可以使用下列命令来查看某个场景中的信息：

```
my_scene = nusc.scene[0]
```

执行代码后查看结果，如图 2-12 所示。

```
my_scene = nusc.scene[0]
my_scene

{'token': 'cc8c0bf57f984915a77078b10eb33198',
 'log_token': '7e25a2c8ea1f41c5b0da1e69ecfa71a2',
 'nbr_samples': 39,
 'first_sample_token': 'ca9a282c9e77460f8360f564131a8af5',
 'last_sample_token': 'ed5fc18c31904f96a8f0dbb99ff069c0',
 'name': 'scene-0061',
 'description': 'Parked truck, construction, intersection, turn left, following a van'}
```

图 2-12　查看结果

图 2-12 场景信息中包括以下关键信息。

1）token：场景的唯一标识符。

2）log_token：与场景关联的日志标识符。

3）nbr_samples：场景中包含的样本数量，此例中为 39 个。

4）first_sample_token：场景中第一个样本的标识符。

5）last_sample_token：场景中最后一个样本的标识符。

6）name：场景的名称，此例中为 scene-0061。

7）description：场景的描述，此例中描述了场景的一些特征，如停靠的卡车、建筑工地、交叉口、左转、跟随一辆货车等。

（2）样本

样本（sample）是 nuScenes 数据集中的一个核心概念，它与场景有着紧密的关系。场景可以理解为一个约 20s 的连续视频片段。在场景中，每隔 0.5s 进行一次采样，得到样本，即每 0.5s 取一帧图像。因此，场景中的每个样本都是关键帧，代表了特定时间戳下的场景状态。

因此，样本被定义为场景中给定时间戳的带注释的关键帧。在关键帧中，来自所有传感器的数据的时间戳应非常接近其所指向的样本的时间戳。每个样本都包含了该时间点上的所有传感器的数据，如图像、点云数据等。

通过场景信息（如上文中的 my_scene）可以获取某个样本的标识符 token 值。通过样本的标识符，可以进一步分析和处理该样本中的具体数据。例如，如果我们已经有了某个场景的信息，则可以通过该场景获取其中的某个样本，并进一步分析这个场景中第一个带注释的示例。

以下是具体的操作步骤和解释。

1）获取第一个样本的标识符，命令如下：

```
first_sample_token = my_scene['first_sample_token']
```

2）利用标识符获取样本信息，通过使用 nusc.get（）命令，并传入样本的类型（'sample'）和标识符，可以获取当前样本的详细信息。

```
my_sample = nusc.get('sample', first_sample_token)
```

当前样本的详细信息示例如图 2-13 所示。

```
my_sample = nusc.get('sample', first_sample_token)
my_sample

{'token': 'ca9a282c9e77460f8360f564131a8af5',
 'timestamp': 1532402927647951,
 'prev': '',
 'next': '39586f9d59004284a7114a68825e8eec',
 'scene_token': 'cc8c0bf57f984915a77078b10eb33198',
 'data': {'RADAR_FRONT': '37091c75b9704e0daa829ba56dfa0906',
  'RADAR_FRONT_LEFT': '11946c1461d14016a322916157da3c7d',
  'RADAR_FRONT_RIGHT': '491209956ee3435a9ec173dad3aaf58b',
  'RADAR_BACK_LEFT': '312aa38d0e3e4f01b3124c523e6f9776',
  'RADAR_BACK_RIGHT': '07b30d5eb6104e79be58eadf94382bc1',
  'LIDAR_TOP': '9d9bf11fb0e144c8b446d54a8a00184f',
  'CAM_FRONT': 'e3d495d4ac534d54b321f50006683844',
  'CAM_FRONT_RIGHT': 'aac7867ebf4f446395d29fbd60b63b3b',
```

图 2-13 当前样本的详细信息示例

图 2-13 的结果中包括了该样本的各项信息，如传感器采集到的数据、标注信息等。这些信息为后续的数据分析、模型训练等任务提供了基础。

（3）样本数据

使用下面的命令可以获取 sample 的样本数据，即 sample_data。

`my_sample['data']`

得到的具体样本数据如图 2-14 所示。

```
my_sample['data']

{'RADAR_FRONT': '37091c75b9704e0daa829ba56dfa0906',
 'RADAR_FRONT_LEFT': '11946c1461d14016a322916157da3c7d',
 'RADAR_FRONT_RIGHT': '491209956ee3435a9ec173dad3aaf58b',
 'RADAR_BACK_LEFT': '312aa38d0e3e4f01b3124c523e6f9776',
 'RADAR_BACK_RIGHT': '07b30d5eb6104e79be58eadf94382bc1',
 'LIDAR_TOP': '9d9bf11fb0e144c8b446d54a8a00184f',
 'CAM_FRONT': 'e3d495d4ac534d54b321f50006683844',
 'CAM_FRONT_RIGHT': 'aac7867ebf4f446395d29fbd60b63b3b',
 'CAM_BACK_RIGHT': '79dbb4460a6b40f49f9c150cb118247e',
 'CAM_BACK': '03bea5763f0f4722933508d5999c5fd8',
 'CAM_BACK_LEFT': '43893a033f9c46d4a51b5e08a67a1eb7',
 'CAM_FRONT_LEFT': 'fe5422747a7d4268a4b07fc396707b23'}
```

图 2-14 样本数据

从图 2-14 中可以看出，样本数据包含在不同的传感器里。

这些数据代表了组成传感器套件的不同传感器类型。下面将深入探讨从特定传感器（例如前置摄像头，即 CAM_FRONT）获取的样本数据，并展示如何在特定传感器上进行数据渲染。

例如，我们可以选择前置摄像头（CAM_FRONT）并获取其样本数据，选择前置摄像头的命令如下：

```
sensor = 'CAM_FRONT'
cam_front_data = nusc.get('sample_data', my_sample['data'][sensor])
```

执行选择前置摄像头的命令之后，可以获取前置摄像头的样本数据，如图 2-15 所示。

```
sensor = 'CAM_FRONT'
cam_front_data = nusc.get('sample_data', my_sample['data'][sensor])
cam_front_data

{'token': 'e3d495d4ac534d54b321f50006683844',
 'sample_token': 'ca9a282c9e77460f8360f564131a8af5',
 'ego_pose_token': 'e3d495d4ac534d54b321f50006683844',
 'calibrated_sensor_token': '1d31c729b073425e8e0202c5c6e66ee1',
 'timestamp': 1532402927612460,
 'fileformat': 'jpg',
 'is_key_frame': True,
 'height': 900,
 'width': 1600,
 'filename': 'samples/CAM_FRONT/n015-2018-07-24-11-22-45+0800__CAM_FRONT__1532402927612460.jpg',
 'prev': '',
 'next': '68e8e98cf7b0487baa139df808641db7',
 'sensor_modality': 'camera',
 'channel': 'CAM_FRONT'}
```

图 2-15　获取前置摄像头的样本数据

这些数据包括了传感器的标定参数、时间戳、文件路径等信息，这些信息对于理解传感器的工作原理和数据采集过程非常重要。此处我们使用 nuScenes 的渲染工具来展示特定传感器的数据，命令如下：

```
nusc.render_sample_data(cam_front_data['token'])
```

执行命令后将展示前置摄像头的可视化结果，包括图像的几何结构、颜色分布等特性，如图 2-16 所示。

图 2-16　前置摄像头可视化结果

通过这些操作，研究人员不仅可以访问传感器的原始数据，还可以深入了解传感器的工作机制和数据特性。

（4）样本标注

样本标注（sample_annotation）指的是在样本中定义物体位置的边界框。这些边界框可以是二维或三维的，用于描述物体的几何形状和空间位置。所有的位置数据都是相对于全局坐标系统给出的，意味着每个物体的位置都相对于一个固定参考点，这确保了不同传感器和不同时间戳下的数据一致性。

我们可以通过以下代码获取上述样本中的一个样本标注，并分析其内容：

```
my_annotation_token = my_sample['anns'][18]
my_annotation_metadata = nusc.get('sample_annotation', my_annotation_token)
```

我们还可以使用以下命令对其进行可视化：

```
nusc.render_annotation(my_annotation_token)
```

样本标注可视化后的效果如图 2-17 所示。

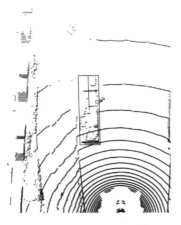

图 2-17　样本标注可视化效果

其中包括了物体的类别、属性、位置、方向、速度和边界框等信息。

（5）实例

实例（instance）是需要由自动驾驶车辆检测或跟踪的目标（例如特定车辆、行人等）。通常在特定场景的不同帧中跟踪实例，不会跨场景跟踪。我们可以用以下代码获取实例数据：

```
my_instance = nusc.instance[599]
instance_token = my_instance['token']
nusc.render_instance(instance_token)
```

实例注释标记如图 2-18 所示。

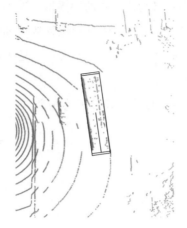

图 2-18　实例注释标记

输出实例记录的第一个和最后一个注释标记，其命令如下：

```
print("First annotated sample of this instance:")
nusc.render_annotation(my_instance['first_annotation_token'])
print("Last annotated sample of this instance:")
nusc.render_annotation(my_instance['last_annotation_token'])
```

实例第一个标记和最后一个标记分别如图 2-19 和图 2-20 所示。

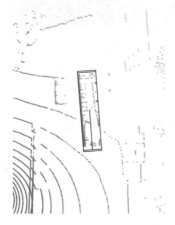

图 2-19　实例第一个标记

图 2-20　实例最后一个标记

(6) 类别

类别（category）是注释的目标分配。数据库的类别表中包含了不同目标类别的分类，并列出了子类别，由句点分隔。类别记录包含该特定类别的名称和描述。数据集中支持的类别可使用以下命令查看：

```
nusc.list_categories()
nusc.category[9]
```

数据集中支持的类别如图 2-21 所示。

```
nusc.list_categories()
Category stats for split v1.0-mini:
human.pedestrian.adult       n= 4765, width= 0.68±0.11, len= 0.73±0.17, height= 1.76±0.12, lw_aspect= 1.08±0.23
human.pedestrian.child       n=   46, width= 0.46±0.08, len= 0.45±0.09, height= 1.37±0.06, lw_aspect= 0.97±0.05
human.pedestrian.constructi  n=  193, width= 0.69±0.07, len= 0.74±0.12, height= 1.78±0.05, lw_aspect= 1.07±0.16
human.pedestrian.personal_m  n=   25, width= 0.83±0.00, len= 1.28±0.00, height= 1.87±0.00, lw_aspect= 1.55±0.00
human.pedestrian.police_off  n=   11, width= 0.59±0.00, len= 0.47±0.00, height= 1.81±0.00, lw_aspect= 0.80±0.00
movable_object.barrier       n= 2323, width= 2.32±0.49, len= 0.61±0.11, height= 1.06±0.10, lw_aspect= 0.28±0.09
movable_object.debris        n=   13, width= 0.43±0.00, len= 1.43±0.00, height= 0.46±0.00, lw_aspect= 3.35±0.00
movable_object.pushable_pul  n=   82, width= 0.51±0.06, len= 0.79±0.10, height= 1.04±0.20, lw_aspect= 1.55±0.18
movable_object.trafficcone   n= 1378, width= 0.47±0.14, len= 0.45±0.07, height= 0.78±0.13, lw_aspect= 0.99±0.12
static_object.bicycle_rack   n=   54, width= 2.67±1.46, len=10.09±6.19, height= 1.40±0.00, lw_aspect= 5.97±4.02
vehicle.bicycle              n=  243, width= 0.64±0.12, len= 1.82±0.14, height= 1.39±0.34, lw_aspect= 2.94±0.41
vehicle.bus.bendy            n=   57, width= 2.83±0.09, len= 9.23±0.33, height= 3.32±0.07, lw_aspect= 3.27±0.22
vehicle.bus.rigid            n=  353, width= 2.95±0.26, len=11.46±1.79, height= 3.80±0.62, lw_aspect= 3.88±0.57
vehicle.car                  n= 7619, width= 1.92±0.16, len= 4.62±0.36, height= 1.69±0.21, lw_aspect= 2.41±0.18
vehicle.construction         n=  196, width= 2.58±0.35, len= 5.57±1.57, height= 2.38±0.33, lw_aspect= 2.18±0.62
vehicle.motorcycle           n=  471, width= 0.68±0.21, len= 1.95±0.38, height= 1.47±0.20, lw_aspect= 3.00±0.62
vehicle.trailer              n=   60, width= 2.28±0.08, len=10.14±5.69, height= 3.71±0.27, lw_aspect= 4.37±2.41
vehicle.truck                n=  649, width= 2.35±0.34, len= 6.50±1.56, height= 2.62±0.68, lw_aspect= 2.75±0.37
```

```
nusc.category[9]
{'token': 'dfd26f200ade4d24b540184e16050022',
 'name': 'vehicle.motorcycle',
 'description': 'Gasoline or electric powered 2-wheeled vehicle designed to move rapidly (at the speed of standard cars) on the road surface. This
category includes all motorcycles, vespas and scooters.'}
```

图 2-21　数据集中支持的类别

（7）属性

属性（attribute）是实例的属性，可能在同一场景的不同部分发生变化。下面是一个属性在场景中发生变化的例子。

```
my_instance = nusc.instance[27]
first_token = my_instance['first_annotation_token']
last_token = my_instance['last_annotation_token']
nbr_samples = my_instance['nbr_annotations']
current_token = first_token

i = 0
found_change = False
while current_token != last_token:
    current_ann = nusc.get('sample_annotation', current_token)
    current_attr = nusc.get('attribute', current_ann['attribute_tokens'][0])
        ['name']

    if i == 0:
        pass
    elif current_attr != last_attr:
        print("Changed from `{}` to `{}` at timestamp {} out of {} annotated
            timestamps".format(last_attr, current_attr, i, nbr_samples))
        found_change = True

    next_token = current_ann['next']
    current_token = next_token
    last_attr = current_attr
    i += 1
```

可看到属性的变化为：

```
Changed from `pedestrian.moving` to `pedestrian.standing` at timestamp 21 out of 39
    annotated timestamps
```

（8）可见度

可见度（visibility）是指从 6 个不同摄像头采集的所有图像中可见的像素部分。具体来说，可见度评估了目标对象在图像中的可见程度。可见度分为 4 个组。

- 0%~40%：目标对象在图像中仅小部分可见。
- 40%~60%：目标对象在图像中部分可见。
- 60%~80%：目标对象在图像中大部分可见。
- 80%~100%：目标对象在图像中完全或几乎完全可见。

我们可以用以下代码显示可见度。

```
anntoken = 'a7d0722bce164f88adf03ada491ea0ba'
visibility_token = nusc.get('sample_annotation', anntoken)['visibility_token']

print("Visibility: {}".format(nusc.get('visibility', visibility_token)))
nusc.render_annotation(anntoken)
```

这里以一个可见度为 80%~100% 的 example_annotation 进行示例，如图 2-22 所示。

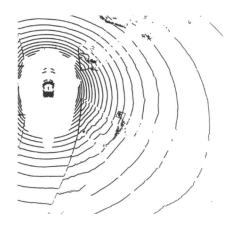

图 2-22　可见度示例

2.3　nuScenes 数据集常用的评测指标及计算方法

在自动驾驶技术中，目标检测的准确性对于确保行车安全而言至关重要。为了全面评估目标检测算法的性能，研究者们采用了一系列标准化的评测指标。这些指标不仅可以帮助我们了解模型在不同场景下的表现，还为算法的优化提供了有价值的反馈。

首先，交并比（Intersection over Union，IoU）是一个关键指标，用于衡量预测边界框与真实边界框之间的重合程度。通过计算两个框的交集面积与并集面积的比值，我们可以得到 IoU 值。在目标检测任务中，通常会设置一个 IoU 阈值，只有当预测边界框与真实边界框的 IoU 值大于这个阈值时，才认为该目标被成功检测。

IoU 阈值的设定进一步区分了有效检测和无效检测。例如，当 IoU 的阈值设为 0.5 时，只有 IoU 值大于或等于 0.5 的检测才会被视为有效。这种设定有助于我们更准确地评估模型的性能。

真阳性（True Positive，TP）、假阳性（False Positive，FP）和假阴性（False Negative，FN）是另一组重要指标，它们分别表示正确检测到的正样本数、错误检测到的正样本数和未检测到的正样本数。这些指标是计算准确率（Precision）和召回率（Recall）的基础，其中准确率表示在所有被预测为正样本中实际为正样本的比例，而召回率则表示在所有实际为正样本中被成功检测出来的比例。高的准确率意味着模型误报较少，而高的召回率则意味着模型漏报较少。

PR 曲线以召回率为横轴、准确率为纵轴进行绘制，展示了在不同阈值下准确率和召回率的变化关系。通过观察 PR 曲线，我们可以直观地理解模型在不同召回率下的准确率表现。当数据集中的正负样本分布不均时，PR 曲线尤其有用。

平均精度（Average Precision，AP）是 PR 曲线下的面积，反映了模型在不同召回率下的平均准确率。对于单一类别的目标检测任务，AP 是该类别检测性能的重要评价指标。AP 越高，说明模型在该类别的检测性能越好。

均值平均精度（mean AP，mAP）则是所有类别 AP 的平均值，用于评估模型在多类别目标检测任务上的整体性能。mAP 是评估多类别目标检测算法性能的综合指标，其值越高表示模型的整体性能越好。

在针对特定数据集如 nuScenes 的 BEV 感知研究中，还存在一系列专门设计的评测指标。这些指标包括平均翻译误差（ATE）、平均尺度误差（ASE）、平均方向误差（AOE）、平均速度误差（AVE）和平均属性错误（AAE）等，用于全面评估算法在检测任务中的性能。同时，还有多目标跟踪准确度（MOTA）、多目标跟踪精度（MOTP）等指标用于评估跟踪任务的性能。这些指标共同构成了一个全面的评估体系，帮助我们深入了解自动驾驶目标检测和跟踪算法的性能表现。

2.3.1 检测任务评测指标计算公式

1) AP：一个重要的评价指标。在匹配的过程中，我们通过对地平面上的 2D 中心距离 d 进行阈值处理来定义匹配，替代了 IoU 的方式，以实现将目标检测的任务与目标的大小和方向这两个因素分开来考虑。此外，对于像行人和自行车这样的小型目标，即便存在微小的平移误差，其 IoU 也可能为 0，较大的定位误差意味着我们很难仅通过视觉方法来评估其性能。因此，采用 AP 指标，并通过对 2D 中心距离进行阈值处理来定义匹配，能更准确地评估目标检测算法的性能。

在计算 AP 时，我们只考虑召回率和准确率均大于 10% 的情况。准确率-召回率曲线是以召回率为横轴，准确率为纵轴画出的曲线，要计算这条曲线下的归一化面积，即计算如式（2-2）所示的 mAP。为了最小化低准确率和低召回率区域常见的噪声影响，召回率或准确率低于 10% 的操作点会被删去。在计算 AP 之后，我们进一步对结果进行平均处理，采用不同的匹配阈值（0.5m、1m、2m、4m），每个阈值都会计算出一个 AP，并对这些 AP 进行平均，以得到该类别的最终评价指标 mAP。

$$\mathrm{mAP} = \frac{1}{|C||D|} \sum_{c \in C} \sum_{d \in D} \mathrm{AP}_{c,d} \quad (2\text{-}2)$$

其中，$\mathrm{AP}_{c,d}$ 表示第 c 个类别在 d 阈值下的 AP 值，C 表示类别集合，D 表示阈值集合。mAP 值反映了模型在所有类别上的平均性能。

2）ATE：2D 中的欧几里得中心距离（单位为 m），计算公式如式（2-3）所示。

$$\mathrm{ATE} = \frac{1}{N} \sum_{i=1}^{N} \|T_i - G_i\|^2 \quad (2\text{-}3)$$

其中，T_i 表示预测目标的位置，G_i 表示真实目标的位置，N 表示目标的数量。

3）ASE：在对齐方向和翻译后（1-IoU）的 3D 交集。

4）AOE：预测和地面真值之间的最小偏航角差（弧度）。除了障碍物，所有角度都在 360 度周期内测量，障碍物在 180 度范围内测量。

5）AVE：绝对速度误差，作为 2D 中速度差的 L_2 范数（m/s）。

6）AAE：1 减去属性分类准确率（1-acc）。

我们依据每个 TP 值计算所有类别的平均 TP 值（即 mTP），如式（2-4）所示。

$$\mathrm{mTP} = \frac{1}{|C|} \sum_{c \in C} \mathrm{TP}_c \quad (2\text{-}4)$$

其中，TP_c 表示某一类的 TP 值，c 代表所属的类别，C 表示类别集合，$|C|$ 表示类别的总数。

nuScenes 数据集中的 NDS 指标是一种综合性的评估指标，用于评估自动驾驶场景理解算法的性能。具体来说，NDS 通过综合考虑目标检测算法在多个方面的表现，包括准确性、鲁棒性和效率，给出了一个综合的得分来评估算法的整体性能。NDS 计算过程详见式（2-5）。

$$\mathrm{NDS} = \frac{1}{10} \left[5\mathrm{mAP} + \sum_{\mathrm{mTP} \in \mathrm{TP}} (1 - \min(1, \mathrm{mTP})) \right] \quad (2\text{-}5)$$

2.3.2 跟踪任务评测指标计算公式

在自动驾驶领域中,对于多目标跟踪(MOT)任务的评价指标有着重要的意义。传统的跟踪指标如 MOTA 和 MOTP 等。

1) MOTA:评估跟踪准确性的一个指标,如式(2-6)所示。它考虑了假阴性、假阳性和身份交换的情况。在 nuScenes 数据集中,由于任务难度较高,传统的 MOTA 指标通常为零。因此,引入了一个调整召回率的附加项。

$$\text{MOTA} = 1 - \frac{\text{FN} + \text{FP} + \text{IDS}_w}{\text{GT}} \quad (2\text{-}6)$$

其中,FN 代表假阴性,FP 代表假阳性,IDS_w 代表身份交换次数,GT 代表真实轨迹的数量。我们尝试了所有召回阈值,在 MOTA 达到最高的时候,MOTA 表示为 sMOTA_γ,计算过程如式(2-7)所示。

$$\text{sMOTA}_\gamma = \max\left(0, 1 - \frac{\text{IDS}_\gamma + \text{FP}_\gamma + \text{FN}_\gamma - (1-\gamma)P}{\gamma P}\right) \quad (2\text{-}7)$$

其中,IDS_γ、FP_γ、FN_γ 表示在特定召回值 γ 下计算的假阳性、假阴性和身份切换的数量,$(1-\gamma)P$ 表示是指与召回率相关的惩罚因子,γP 表示为目标总数。

2) MOTP:衡量预测轨迹和真实轨迹之间的平均距离,如式(2-8)所示,用来评估跟踪的精准度。

$$\text{MOTP} = \frac{\sum_{i,j \in \text{MTC}} D_{ij}}{\sum_{i \in \text{MTC}} w_i} \quad (2\text{-}8)$$

其中,D_{ij} 代表预测轨迹 i 和真实轨迹 j 之间的距离,w_i 代表轨迹 i 的长度,MTC 表示的是一条轨迹被跟踪到 80% 以上的情况。

3) IDS_w:指跟踪过程中,同一目标被赋予不同 ID 的次数。

2.3.3 其他辅助指标计算公式

此外,nuScenes 数据集还设计了两个新的度量标准:轨迹初始化持续时间(TID)和最长间隙持续时间(LGD)。有些跟踪器在工作时需要依赖一个固定时间窗口内的传感器读数,如果无法满足这个条件,它们的性能就可能下降。如果一个目标没有被跟踪,我们会将整个跟踪持续时间分配为 TID 和 LGD。

（1）TID

TID 测量从跟踪开始到首次检测目标的时间，如式（2-9）所示。

$$\text{TID} = \frac{1}{N}\sum_{i=1}^{N}(t_{i,\text{init}} - t_0) \quad (2\text{-}9)$$

其中，$t_{i,\text{init}}$ 表示轨道 i 的初始化时间，t_0 表示轨道开始时间，N 表示轨道的数量。

（2）LGD

LGD 计算跟踪中任何检测间隙的最长持续时间，如式（2-10）所示。

$$\text{LGD} = \max(t_{j,\text{end}} - t_{j,\text{start}}) \quad (2\text{-}10)$$

其中，$t_{j,\text{end}}$ 和 $t_{j,\text{start}}$ 分别表示轨道 j 的结束时间和开始时间。

> **注意** 这里提供的计算公式仅为概括性描述，并不能覆盖所有细节和特殊情况。在实际应用中，建议直接查阅 nuScenes 数据集的官方文档或使用官方提供的评估工具进行计算，以确保准确性和一致性。

公式的具体实现代码可通过查看 nuScenes 库进行学习。

在 nuScenes 库中，计算评估指标的部分主要集中在 DetectionEval 类的 evaluate 方法中。这个方法负责累积所有类别和距离阈值的评估数据，并计算出评估指标。DetectionEval 类的 evaluate 方法，如代码清单 2-1 所示。

代码清单 2-1　DetectionEval 类的 evaluate 方法

```python
def evaluate(self) -> Tuple[DetectionMetrics, DetectionMetricDataList]:
    """
    Performs the actual evaluation.
    :return: A tuple of high-level and the raw metric data.
    """
    start_time = time.time()

    # ---------------------------------
    # 1: 累积所有类别和距离阈值的评估数据
    # ---------------------------------
    if self.verbose:
        print('Accumulating metric data...')

    metric_data_list = DetectionMetricDataList()
```

```python
for class_name in self.cfg.class_names:
    for dist_th in self.cfg.dist_ths:
        md = accumulate(self.gt_boxes, self.pred_boxes, class_name, self.cfg.
                        dist_fcn_callable, dist_th)
        metric_data_list.set(class_name, dist_th, md)

# -----------------------------------
# 2：基于数据计算指标
# -----------------------------------
if self.verbose:
    print('Calculating metrics...')

metrics = DetectionMetrics(self.cfg)
for class_name in self.cfg.class_names:
    # 计算 AP
    for dist_th in self.cfg.dist_ths:
        metric_data = metric_data_list[(class_name, dist_th)]
        ap = calc_ap(metric_data, self.cfg.min_recall, self.cfg.min_precision)
        metrics.add_label_ap(class_name, dist_th, ap)

    #计算 TP 指标
    for metric_name in TP_METRICS:
        metric_data = metric_data_list[(class_name, self.cfg.dist_th_tp)]
        if (class_name in ['traffic_cone'] and metric_name in ['attr_err',
            'vel_err', 'orient_err']) or \
           (class_name in ['barrier'] and metric_name in ['attr_err', 'vel_err']):
            tp = np.nan
        else:
            tp = calc_tp(metric_data, self.cfg.min_recall, metric_name)
        metrics.add_label_tp(class_name, metric_name, tp)

# 计算评估时间
metrics.add_runtime(time.time() - start_time)

return metrics, metric_data_list
```

以下为代码的详细解释。

1) 计算累积评估数据：

```
md = accumulate(self.gt_boxes, self.pred_boxes, class_name, self.cfg.dist_
    fcn_callable, dist_th)
```

在循环内部，调用 accumulate 函数来计算给定类别（class_name）和距离阈值（dist_th）下的评估数据。这个函数可能会计算并返回真正例（TP）、假正例（FP）和假负例（FN）的数量或其他相关统计信息。输入参数包括地面真实框（self.gt_boxes）、预测框（self.pred_boxes）、类别名、一个计算距离的函数（self.cfg.dist_fcn_callable）和距离阈值。

2）计算 mAP：对于每个类别和距离阈值，累积了评估数据之后，接下来要进行的步骤是计算 mAP。这通常是通过调用一个名为 calc_ap 的函数来完成的。

```
ap = calc_ap(metric_data, self.cfg.min_recall,self.cfg.min_precision
```

这里，calc_ap 函数根据之前累积的评估数据 metric_data（可能是 md 或者从 metric_data_list 中获取的数据）、最小召回率（self.cfg.min_recall）和最小精度（self.cfg.min_precision）来计算平均精度（mAP）。计算出的 mAP 值随后可能会被添加到某个用于存储最终结果的对象中。

3）计算 TP：除了计算 mAP 之外，还可能会计算一系列与 TP 相关的指标，如平移误差、尺度误差、方向误差等。这些指标通常用于更详细地评估检测算法的性能。

```
for metric_name in TP_METRICS:
    tp = calc_tp(metric_data, self.cfg.min_recall, metric_name)
```

在这个循环中，代码遍历了所有预定义的 TP 指标（存储在 TP_METRICS 列表中）。对于每个指标，调用 calc_tp 函数来计算相应的 TP 值。这个函数的输入参数可能包括评估数据、最小召回率和当前指标的名称。计算出的 TP 值随后可能会被添加到结果对象中，以供后续分析或报告使用。

使用 nuScenes 库来计算 nuScenes 数据集的各项评估指标的具体步骤如下。

步骤 1：准备环境和数据。安装 nuScenes dev-kit，并下载 nuScenes 数据集。运行以下命令来安装 nuScenes 库。

```
pip install nuscenes-devkit
```

步骤 2：获取预测结果。在 nuScenes 数据集上运行物体检测模型，并将结果保存为 JSON 文件。这个文件应该符合 nuScenes 的预测结果格式。

步骤 3：设置脚本参数。脚本的底部提供了一个命令行接口，可以通过这个接口来设置各种参数。

这些脚本参数包括以下内容。

- result_path——预测结果的 JSON 文件路径。

- output_dir——存储评估结果和图表的目录。
- eval_set——要评估的数据集部分（例如，trainval、test）。
- dataroot——nuScenes 数据集的根目录。
- version——nuScenes 数据集的版本。
- config_path——检测配置文件的路径。
- plot_examples——要生成的示例可视化数量。
- render_curves——是否渲染 PR 和 TP 曲线。

步骤 4：运行脚本。在命令行中运行脚本，并传入相应的参数。

```
python nuscenes_eval_script.py --result_path=/path/to/your/results.json
    --output_dir=/path/to/output --eval_set=val --dataroot=/data/sets/nuscenes
    --version=v1.0-trainval --plot_examples=10 --render_curves=1
```

步骤 5：查看和分析结果。

- 检查输出目录。评估完成后，需要查看 output_dir 目录，里面包括 JSON 文件（汇总评估指标）和图表（显示 PR 和 TP 曲线）在内的多个文件和文件夹。
- 分析评估指标。打开 metrics_summary.json 文件来查看高层次的评估指标，如 mAP、NDS 等。
- 查看可视化。在 examples 和 plots 文件夹中可以看到模型预测的可视化和统计图表。

2.4　Waymo 数据集

Waymo 数据集是由 Google 旗下的无人驾驶公司发布的大规模自动驾驶数据集。这一数据集旨在推动自动驾驶领域的研究和发展，为自动驾驶算法提供丰富、多样的训练数据。

Waymo 数据集的采集平台配备了多种先进的传感器，包括 1 个中距激光雷达、4 个短距激光雷达和 5 个摄像头。这些传感器共同工作，捕捉车辆周围环境的详细信息，为自动驾驶系统提供全面的感知能力。

Waymo 数据集主要包含两部分：Perception Dataset 和 Motion Dataset。这两部分的数据分别关注自动驾驶系统中的感知和运动预测任务。

Waymo 数据采集自多个美国城市，包括凤凰城、旧金山、西雅图、山景城、底特律和洛杉矶等。这些城市具有不同的交通状况、道路类型和天气条件,使得数据集具有高度的多样性和挑战性。

Perception Dataset 是 Waymo 数据集的核心部分之一,专注于为自动驾驶系统的感知任务提供数据。它包括了 1950 个 20s 的段落,每个段落的采集频率为 10Hz,总计 390 000 帧图像数据。这些数据为研究人员提供了大量用于训练和测试机器学习模型的实际场景。

此外,Perception Dataset 还标注了 4 类重要的物体:车辆、行人、骑行者和交通标志。这些标注信息对于自动驾驶系统的感知任务至关重要,有助于系统准确识别并跟踪周围环境中的动态和静态物体。

Waymo 数据集在标注方面作出了巨大努力,提供了大量的 3D 和 2D 边界框标注数据。其中,3D 边界框标注数据量达到了惊人的 12.6MB,而 2D 边界框标注数据量也达到了 11.8MB。这些数据不仅数量庞大,而且质量上乘,为研究人员提供了宝贵的训练资源。

值得一提的是,Waymo 数据集还对 2D 和 3D 边界框进行了关联。这意味着每个 3D 标注都有一个对应的 2D 标注与之关联,反之亦然。这种关联性有助于研究人员在 2D 和 3D 空间之间建立更紧密的联系,从而提高自动驾驶系统的感知性能。

2.5 不同数据集之间的对比

本节将对不同的数据集进行对比,如表 2-1 所示。

表 2-1 不同数据集间的对比

比较项	KITTI	nuScenes	Waymo
传感器	摄像头+激光雷达	摄像头+激光雷达+毫米波雷达	摄像头+激光雷达
数据总时长	1.5 小时	5.5 小时	6.4 小时
场景数量	22 个	1000 个	1150 个
物体类别	2 类(车辆、行人)	23 类(包括车辆、人类、障碍物等)	4 类(车辆、行人、交通标志、骑行者)
标注数量	160KB	800KB	9.9MB

在传感器配置上,所有数据集都标配了摄像头和激光雷达,这两种传感器为环境感

知提供了关键的视觉和深度信息。

特别值得一提的是，nuScenes 还额外引入了毫米波雷达进行数据采集。这种雷达在恶劣天气条件下具有优异的穿透性能，为自动驾驶提供了更为可靠的感知保障。

2.6　本章小结

本章详细介绍了自动驾驶领域中常用于 BEV 感知算法的三大数据集：KITTI、nuScenes 和 Waymo。这些数据集不仅为研究者提供了丰富的实际驾驶场景数据，还为算法的训练、验证和测试提供了标准的评估平台。

本章还介绍了自动驾驶领域常用的评测指标及其计算方法，包括检测任务和跟踪任务的评测指标以及其他辅助指标。这些评测指标为研究者提供了客观的评估标准，有助于更全面地评估算法的性能并推动研究的进展。

第 3 章

BEV 感知算法的特征提取

特征在机器学习中扮演着至关重要的角色，其质量直接决定了后续算法效果的上限，因此，本章将深入探讨 BEV 感知算法中不同模态传感器的原理、数据处理流程以及特征提取技术。此外，我们还将结合具体的算法案例，阐述感知算法的发展历程。

3.1 图像模态

图像模态指的是用于感知和处理的不同类型的图像数据源或图像获取方式。不同的图像模态能够提供不同的信息和特性，通过融合这些信息，可以提高感知系统的准确性和鲁棒性。常见的图像模态包括 RGB 图像、灰度图像、深度图像、红外图像、多光谱和高光谱图像。在 BEV 感知算法中，通常会融合多种图像模态的信息，以提高感知系统的性能。例如，将 RGB 图像和深度图像结合使用，可以利用 RGB 图像的颜色和纹理信息以及深度图像的三维结构信息实现更准确的环境感知。

3.1.1 相机的内外参数

相机的内部参数和外部参数共同决定了捕获的三维图像向二维图像转换的细节。内部参数控制着图像的结构，定义了像素与三维空间点之间的映射关系；外部参数则规定了相机在世界坐标系中的位置和方向，进而影响图像中物体的位置和形状。

1. 相机内部参数

相机的内部参数主要描述相机自身的固有属性，这些属性在相机制造时就已经确定，并且在使用过程中一般不会发生变化。内部参数（简称内参）的主要作用是将三维世界坐标系中的点投影到相机的二维成像平面上。

主要的内部参数如下。

1）焦距：表示相机光心到成像平面的距离，它控制着相机的视场大小。

2）主点：位于成像平面上的一个点，通常接近图像的中心位置，作为坐标系的原点。

3）像素尺寸：反映成像平面上每个像素的实际物理大小。

4）畸变系数：用于描述和纠正由相机镜头引起的非线性畸变。

为了描述相机如何将三维空间映射到二维图像平面，我们可以采用特定的几何模型。其中，针孔成像模型因其高度准确性被广泛应用并备受推崇。这个模型解释了光线通过一个微小的"针孔"后，在针孔后侧的成像平面上形成投影的数学原理。然而，由于相机透镜的物理特性，光线在投影过程中可能会发生光学畸变。因此，一个完整的投影模型通常包括针孔成像模型和畸变校正模型两个部分。这两个模型共同定义了相机的内部参数，实现了从三维空间中的坐标点（单位为米）到二维成像平面（单位为像素）的精确映射。

针孔相机模型如图 3-1 所示。

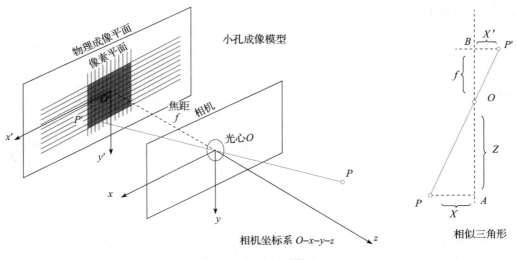

图 3-1　针孔相机模型

在针孔模型中,相机被视为一个针孔,即光心 O,通过该光心 O,三维空间中的点 P 投影到物理成像平面上,形成点 P'。

设相机坐标系为 $O\text{-}x\text{-}y\text{-}z$,其中 z 轴指向相机前方,x 轴向右,y 轴向下。光心 O 是相机坐标系的原点。设三维空间中点 P 的坐标为 $[X,Y,Z]^\mathrm{T}$,成像平面上点 P' 的坐标为 $[X',Y',Z']^\mathrm{T}$,物理成像平面与光心 O 的距离(即焦距)为 f。根据三角形的相似关系,可以得出式(3-1)。

$$\frac{Z}{f}=-\frac{X}{X'}=-\frac{Y}{Y'} \tag{3-1}$$

这里加负号是由于成像是倒立的。在处理真实世界与相机的投影时,将成像平面挪到前方是一种常见的数学手段。大多数相机输出的图像都是正向的,因为相机自身的软件会自动翻转小孔成像所得到的倒向图像,即输出与成像平面对称的正向图像,如图3-2所示。为了简化表示,我们将成像平面对称到相机前方,得到消除负号的结果,如式(3-2)所示。

$$\frac{Z}{f}=\frac{X}{X'}=\frac{Y}{Y'} \tag{3-2}$$

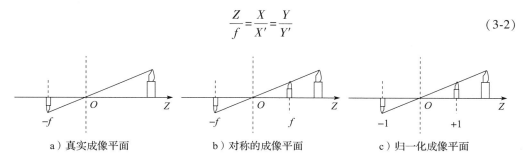

a)真实成像平面　　　　b)对称的成像平面　　　　c)归一化成像平面

图 3-2　真实成像平面、对称成像平面、归一化成像平面

为了描述传感器将所接收光线转换成像素的过程,我们将这些坐标映射到像素坐标系中。这个映射完成了从空间的定位到图像的像素之间的转换。设像素坐标系 $o\text{-}u\text{-}v$ 的原点 o' 位于图像的左上角,u 轴向右与 x 轴平行,v 轴向下与 y 轴平行(u、v 是成像平面坐标)。像素坐标系与成像平面间相差一个缩放和一个原点的平移。设像素坐标在 u 轴上缩放了 α 倍,在 v 轴上缩放了 β 倍,且原点平移了 $[c_x,c_y]^\mathrm{T}$,则可得出式(3-3)。

$$\begin{cases} u=\alpha X'+c_x \\ v=\beta Y'+c_y \end{cases} \tag{3-3}$$

代入式(3-2)后可得出式(3-4)。

$$\begin{cases} u = f_x \dfrac{X}{Z} + c_x \\ v = f_y \dfrac{Y}{Z} + c_y \end{cases} \quad (3\text{-}4)$$

其中，f 的单位是米，α 与 β 的单位是像素/米，f_x、f_y 和 c_x、c_y 的单位为像素。用齐次坐标表示，该关系可以写成矩阵形式，其中包含了相机的内部参数矩阵 $\boldsymbol{K}$。

$$\begin{pmatrix} u \\ v \\ 1 \end{pmatrix} = \frac{1}{Z} \begin{pmatrix} f_x & 0 & c_x \\ 0 & f_y & c_y \\ 0 & 0 & 1 \end{pmatrix} \begin{pmatrix} X \\ Y \\ Z \end{pmatrix} = \frac{1}{Z} \boldsymbol{KP} \quad (3\text{-}5)$$

将 Z 挪到左侧，可得

$$Z \begin{pmatrix} u \\ v \\ 1 \end{pmatrix} = \begin{pmatrix} f_x & 0 & c_x \\ 0 & f_y & c_y \\ 0 & 0 & 1 \end{pmatrix} \begin{pmatrix} X \\ Y \\ Z \end{pmatrix} = \boldsymbol{KP} \quad (3\text{-}6)$$

通常情况下，相机的内参在出厂后就固定不变了，不会受到使用者的影响。

在实际应用中，由于透镜在制造过程中的限制和透镜的物理特性，相机透镜往往会引入一定程度的光学畸变。这些畸变主要由以下两个原因产生。

（1）径向畸变

当光线穿过透镜中心与边缘之间的区域时，可能会发生弯曲，这种现象被称为径向畸变。这种弯曲通常表现为图像中心附近的物体相对于其实际位置有所放大或缩小。

径向畸变可进一步分为桶形畸变和枕形畸变，如图 3-3 所示。在桶形畸变中，图像的放大率随着与光轴的距离增加而减小；而在枕形畸变中，图像的放大率则随着与光轴的距离增加而增大。

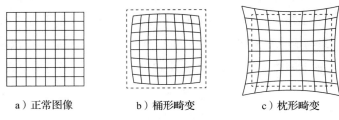

a）正常图像　　b）桶形畸变　　c）枕形畸变

图 3-3　径向畸变

设在归一化平面上的任意点 P 的坐标为 $[x, y]^\mathrm{T}$，写成极坐标的形式则为 $[r, \theta]^\mathrm{T}$，

其中 r 表示点 P 与坐标系原点之间的距离，θ 表示与水平轴的夹角。假设畸变呈多项式关系，则可得到式（3-7）。

$$x_{\text{distorted}} = x(1+k_1 r^2 + k_2 r^4 + k_3 r^6)$$
$$y_{\text{distorted}} = y(1+k_1 r^2 + k_2 r^4 + k_3 r^6)$$
（3-7）

其中，$[x_{\text{distorted}}, y_{\text{distorted}}]^{\text{T}}$ 表示畸变后点的归一化坐标。

（2）切向畸变

切向畸变通常是由于透镜与成像平面之间的不平行所导致的。这种畸变在图像中通常表现为直线出现弯曲的现象。

切向畸变可以使用参数 p_1，p_2 进行纠正，如式（3-8）所示。

$$x_{\text{distorted}} = x + 2p_1 xy + p_2(r^2 + 2x^2)$$
$$y_{\text{distorted}} = y + p_1(r^2 + 2x^2) + 2p_2 xy$$
（3-8）

通过内参矩阵 $\boldsymbol{K}$，可以将纠正后的点映射到像素坐标系中，如式（3-9）所示。

$$u = f_x x_{\text{distorted}} + c_x$$
$$v = f_y y_{\text{distorted}} + c_y$$
（3-9）

在实际应用中，有时没有必要用 5 个畸变参数，可以灵活选择纠正模型。

2. 相机外部参数

相机的外部参数描述了相机在全局坐标系中的位置和方向。当相机移动时，这些参数会发生变化。外部参数的主要作用是确定相机坐标系和世界坐标系之间的关系，使我们能够在世界坐标系中精确地定位和解释相机视场内的物体。

主要的外部参数包括：

1) 旋转矩阵 $\boldsymbol{R}$：描述相机坐标系相对于世界坐标系的旋转。
2) 平移向量 $\boldsymbol{t}$：描述相机光心在世界坐标系中的位置。

在内参的公式中，我们使用了点 P 在相机坐标系下的坐标，但由于相机的运动，点 P 的相机坐标应为其世界坐标。我们设点 P 的世界坐标为 P_W，则 P 的坐标应为 P_W 根据相机的当前位置变换到相机坐标系下的结果，则有式（3-10）所示的形式。

$$Z\boldsymbol{P}_{uv} = Z \begin{bmatrix} u \\ v \\ 1 \end{bmatrix} = \boldsymbol{K}(\boldsymbol{R}P_W + \boldsymbol{t}) = \boldsymbol{KT}P_W$$
（3-10）

请注意，后面的等号实际上代表了一个从齐次坐标到非齐次坐标的转换。综合前面关于相机内外参数的介绍，我们可以理解单目相机的成像过程：它是一个复杂的映射，首先将三维世界坐标转换为二维图像坐标，然后再转换为最终的像素坐标。这个过程通常用针孔模型来阐述，并且受到相机内外参数的共同影响。

3.1.2　图像特征提取和 ResNet 原理

图像特征提取在 BEV 感知算法中占据举足轻重的地位。它是从图像中提炼有意义信息的过程，这些信息为后续的目标检测、目标跟踪等任务提供了重要依据。传统的图像特征提取方法主要依赖手工设计的特征描述符，例如 SIFT 和 HOG。这些方法的设计过程不仅烦琐，而且高度依赖领域专家的知识。更重要的是，当面对复杂多变的图像内容时，它们的性能常常受到限制。

近年来，随着深度学习技术的迅速崛起，基于深度学习的图像特征提取方法开始崭露头角。深度学习模型，特别是卷积神经网络（CNN），能够自动学习从原始像素到高级抽象特征的有效转换。通过在大规模数据集上进行深入训练，这些模型能够掌握更具鲁棒性和判别力的特征表示，从而在各种计算机视觉任务中显著提升性能。

在众多深度学习模型中，残差网络（ResNet）因其独特的设计和出色的性能而脱颖而出，现已成为大部分 BEV 感知算法中主要的特征提取网络。ResNet 目的是解决深度神经网络在训练时遇到的梯度消失和梯度爆炸问题。这些问题随着网络深度的增加而愈发严重，有时甚至会导致深层网络的性能不及浅层网络。为了应对这一难题，ResNet 采纳了残差连接的概念。

残差连接的核心在于，通过短路连接或跳接，将输入直接传至输出，使网络能够学习输入输出间的残差（即差异）。这样的设计既简化了学习过程，又让网络在加深层次的同时，能够保持甚至提升性能。实际上，残差连接可以被看作一种特殊的网络层，其输出为输入与经过卷积、批量归一化及激活函数处理后的结果之和。

ResNet 的基本结构由一系列残差块构成。每个残差块包含两到三个卷积层（具体数量取决于网络的具体配置），并配有一个跳接。在正向传播时，输入数据会先经过卷积层处理，然后与原始输入相加，这样就形成了残差块的最终输出。这种加法操作就是残差连接的实现方式，它不仅有助于信息的完整传递，还能促进梯度的有效传播。在反向传播过程中，残差连接使得梯度能够直接回流到较早的层，从而有效地缓解梯度消失的问题。

除了基本的残差块之外，ResNet 还采用了批量归一化、ReLU 激活函数等先进技术，以进一步提升其性能。批量归一化能减少内部协变量偏移，从而加速训练并提高模型的泛化能力。而 ReLU 激活函数则为模型增加了非线性特性，使其能够处理更复杂的函数关系。

通过引入残差连接及一系列创新设计，ResNet 成功解决了深度神经网络训练过程中的梯度消失和梯度爆炸问题。这让我们能够构建出更深层、更强大的网络模型，以应对各种复杂的计算机视觉任务。ResNet 的出色表现为其在计算机视觉领域的广泛应用打下了坚实基础。在物体检测、图像分割以及目标跟踪等任务中，基于 ResNet 的方法均取得了显著成果。

3.2　激光雷达模态中点云目标检测的代表算法

本节将探讨点云目标检测的两大代表算法 PointPillar 和 RV-RCNN，以此来介绍使用激光雷达模态的 BEV 感知算法是如何通过提取点云特征进行目标检测的。

3.2.1　PointPillar 算法

PointPillar 是 2019 年兴起的一种 3D 目标检测算法，该算法借助 PointNet 技术来深入学习和有效组织在 Pillar 中的点云数据。这里的 Pillar 可以理解为一种将 3D 空间分割成网格的垂直柱状体，每个 Pillar 内包含一部分点云数据。尽管 PointPillar 生成的编码特征能轻松融入任何标准的 2D 卷积检测架构中，但它还特地引入了一个更为简化的下游网络。

该算法的主要贡献有两点。

首先，它推出了一种直接在点云上运行的新型点云编码器和网络 PointPillar，这一创新实现了三维目标检测网络的端到端训练，从而大幅提升了检测的准确性与效率。

其次，该算法通过巧妙地将 Pillar 上的特征提取过程转化为二维处理，使得推理速度高达 62Hz，这一速度比当时其他方法快了 2~4 倍，从而使得 PointPillar 在 3D 目标检测任务中表现出色。

接下来将深入解析 PointPillar 的架构。

（1）PointPillar 网络架构

PointPillar 以点云作为输入，能估算汽车、行人和骑自行车者的 3D 目标框。它由三个阶段组成，如图 3-4 所示。

图 3-4　PointPillar 的网络架构图

1）Pillar 特征提取：将输入的点云数据转换为稀疏的伪图像特征。

2）骨干网络：处理伪图像特征并得到具有高层语义信息的特征。

3）SSD 检测头：检测和回归 3D 目标框。

（2）Pillar 特征提取

与另一个流行的 3D 目标检测和点云处理算法 SECOND 不同，后者采用的是 LHW 三维体素（Voxel）的划分方法，而 PointPillar 的体素划分仅在宽度和纵深这两个维度上进行，在鸟瞰视角下，每个体素仅被划分为单一 Pillar。

PointPillar 将点云坐标转换为图像特征的具体流程如图 3-5 所示。

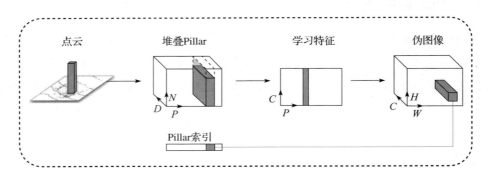

图 3-5　PointPillar 将点云转换为图像特征的流程图

1）首先，输入的点云被划分为 Pillar。这些 Pillar 是通过在平面上对点云进行划分后得到的三维柱体。

2）对张量化后的点云数据进行特征提取。原始点云的维度为 $D=9$，经过张量化处理后，维度变为 $C=64$，从而获得了一个 (C,P,N) 的张量。

3）根据 Pillar 所在的维度执行最大池化操作，进而获得一个（C,P）维度的特征图。

4）通过特定算子生成伪图像。编码后的特征通过索引被映射回原始的 Pillar 位置，从而创建一个形状为 $C×H×W$ 的伪图像。这种伪图像编码的特征能够与任何标准的 2D 卷积检测架构兼容使用。此外，PointPillar 还进一步引入了一个高效的下游网络，该网络在速度和准确度上都显著优于先前的编码器。

（3）骨干网络

骨干网络由两个子网结构构成，如图 3-6 所示。

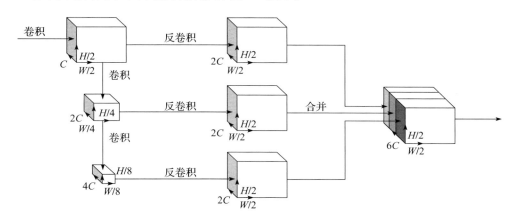

图 3-6　PointPillar 的骨干网络图

1）第一个子网是一个自上而下的网络，用于生成具有不同分辨率的特征图。

2）第二个子网则负责对第一个网络生成的特征进行上采样，并与自上而下的特征进行串联。

（4）SSD 检测头

PointPillar 采用 SSD（Single Shot Detector）来执行 3D 目标检测。与 SSD 类似，我们找到与其 IoU 值最大的先验框，并使用 2D 的 IoU 将先验框与真实框进行匹配。在此过程中，边界框的高度并不用于匹配；相反，在给定 2D 匹配的情况下，高度和海拔成为额外的回归目标。

综上，PointPillar 是一种用于 3D 目标检测的创新方法。它利用 PointNet 来学习垂直列中点云的表示。该算法提出了一种新颖的点云编码器和网络架构，从而实现了三维目标检测网络的端到端训练。PointPillar 的网络架构包含三个主要阶段：Pillar 特征提取、骨干网络和 SSD 检测头。此外，PointPillar 还运用了一种特殊的损失函数和数据增强技术，旨在提升性能。总的来说，PointPillar 在速度和准确度上都显著优于以往的编码器，为 3D 目标检测提供了一种既有效又高效的方法。

3.2.2　PV-RCNN 算法

2020 年，有关 PV-RCNN 算法的论文被提出。这篇论文介绍了一个新型网络结构，该结构融合了基于点的方法和基于体素的方法。基于体素的方法虽然能提高计算效率，但不可避免地会导致信息丢失，并降低细粒度的定位精度。而基于点的方法计算成本较高，但它可以通过点集抽象轻松实现更大的接收范围，并提取存在的问题。为了结合这两种方法的优点，作者采用了多尺度方法，首先通过基于体素的方法获取高质量的初步建议，然后利用基于点的方法获取精细的局部信息。该算法的核心在于将这两种方法有效结合：在每个 3D 建议内平均采样一些网格点（grid-points），然后通过最远点采样方法（Farthest Point Sampling，FPS）获取这些 grid-points 周围的点，最后通过综合这些信息来进一步改进最终的 3D 建议。

接下来将深入解析 PV-RCNN 算法。

如图 3-7 所示，PV-RCNN 模型包含两个阶段。第一阶段是体素到关键点的场景编码。第二阶段是关键点对栅格 RoI 的特征抽象。

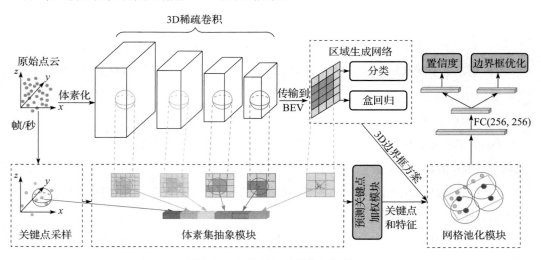

图 3-7　PV-RCNN 的整体架构图

（1）通过体素集抽象进行体素到关键点场景编码

1）关键点抽样：我们首先利用 FPS 算法对场景进行关键点抽样，以确保采样点能够均匀覆盖整个空间。针对不同的数据集，我们采取了不同的抽样策略：

①对于 KITTI 数据集，我们选取了 2048 个关键点，以捕捉场景的关键特征。

②对于 Waymo 数据集，我们抽取了 4096 个关键点，以更细致地表示场景。

2）引入体素集抽象（Voxel Set Abstraction，VSA）模块：在关键点抽样的基础上引入了一个创新的 VSA 模块。该模块的核心功能是聚合每个关键点周围的非空体素特征，从而实现对局部空间结构的编码。

3）二维特征投影：为了进一步丰富特征表示，我们对 VSA 模块进行了扩展。在二维层面上，我们采用了双线性插值法来获取关键点在 BEV 上的投影特征。这一步骤不仅提高了特征的表达能力，还使得模型能够从不同视角理解和解释场景信息。

最终的特征由三部分组成：来自体素的语义信息（fipv）、来自原始点云的特征信息（firaw，此部分信息用于弥补体素化过程中可能丢失的细节），以及来自 BEV 的高级信息（fibev）。之后，我们会预测关键点的权重。上述的特征融合实际上是为了进一步的精细化做准备。

在这一阶段，初步的建议实际上是通过基于体素（或网格）的方法提出的。这一步是为了区分背景和前景的关键点，并给予它们不同的权重，从而使前景在精细化过程中的贡献更大。为此，论文作者设计了如图 3-8 所示的网络结构。在网络结构中，标签对应的点在 3D 真实标注（Ground Truth，GT）内，并采用焦点损失（Focal Loss，FL）进行计算。

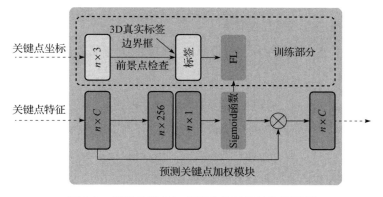

图 3-8　预测关键点加权模块的网络结构说明图

（2）关键点对栅格 RoI 特征抽象

前面我们介绍了利用 3D 稀疏卷积处理体素数据，从而初步生成了精度较高的候选区域（proposal）。为了进一步提升这些候选区域的精度，论文作者引入了多尺度关键点特征，设计了一个关键点对栅格 RoI（感兴趣区域）特征的抽象模块，用于在这一阶段对候选区域进行精细化处理。图 3-9 是该模块的详细介绍。

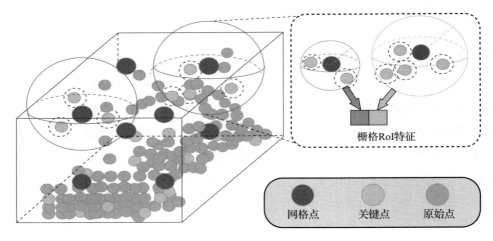

图 3-9　RoI-grid 池模块的说明图

1）首先确定每一个网格点在一定半径下的近邻，然后用一个 PointNet 模块将这些特征整合为网格点的特征。这个过程中会采用多尺度的特征融合手段。

2）得到所有网格点的特征后，论文作者采用了一个两层的感知器来获得 256 维度的候选区域特征。

（3）3D Proposal 优化和置信度预测

在置信度预测分支上，采用检测评价函数 3D IoU。对于第 k 个 RoI 的置信度的目标，如式（3-11）所示。

$$y_k = \min(1, \max(0, 2\text{IoU}_k - 0.5)) \tag{3-11}$$

其中，IoU_k 表示第 k 个 RoI 对应的真实值，置信度 y_k 预测的损失函数采用的是交叉熵 Loss。

综上，PV-RCNN 算法是一种结合了基于点的方法和基于体素的方法的 3D 目标检测算法。这种结合充分利用了两种方法的优点。该算法通过两个阶段进行场景编码和特征抽象，从而提高了计算效率和细粒度定位精度。同时，该算法还采用了多尺度特征融合和关键点加权等技术手段，进一步提升了3D目标检测的性能。

3.3 本章小结

本章深入探讨了BEV感知算法中的特征提取技术，主要聚焦于图像模态和激光雷达模态。无论是在图像模态还是激光雷达模态下，我们均提供了相应的解决方案和代表性算法。这些技术和算法无疑为后续的目标检测、场景理解等任务打下了坚实的基础。

第 4 章

BEV 感知算法的基本模块

BEV 感知算法作为自动驾驶领域的核心技术,能够使系统从鸟瞰视角对周围环境进行全面理解和分析。该算法由多个基本模块构成,每个模块均扮演着独特且重要的角色。本章将重点剖析视角转换模块、注意力机制模块等核心内容。视角转换涉及三维到二维以及二维到三维的数据转换过程,具体包括利用几何变换或深度学习模型实现的显式与隐式转换方法,以及 LSS 原理指导下的三维信息恢复技术。注意力机制模块包括空间注意力、通道注意力和自注意力等多种机制,尤其是它们在 Transformer 架构及其变体中起作用,为目标检测带来了显著成效。最后将介绍旨在提高算法的鲁棒性和准确性的特征融合方法,包括时序融合、空间融合以及点云和视觉特征的融合,多种深度学习技术实现了不同来源和阶段的特征的有效整合。

4.1 视角转换模块

在讲视角转换模块之前先介绍自动驾驶的 4 个坐标系及它们之间的转换过程,因为只有清楚了坐标系的转换过程,才能明白数据或者特征是如何从传感器的坐标系转换到 BEV 空间中的。

4.1.1 自动驾驶中的坐标系

自动驾驶的实现需要多种传感器相互配合，每个传感器都有自己对应的坐标系，了解不同坐标系间的坐标转换关系十分重要。

如图 4-1 所示，根据参照物不同，自动驾驶中的坐标系主要分为像素坐标系、图像坐标系、相机坐标系和世界坐标系，不同的传感器对应不同的坐标系及数据类型。

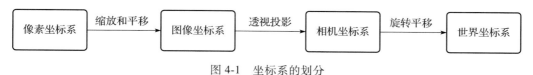

图 4-1　坐标系的划分

1. 像素坐标系

像素坐标系是图像的离散表示，其中每个点（像素）都用整数坐标表示，用于定位像素位置。在图 4-2 中，像素坐标系的原点在左上角，x 轴从左向右递增、y 轴从上向下递增，为左手坐标系。最终得到的图像以像素坐标系表示，标记为 (x', y')。

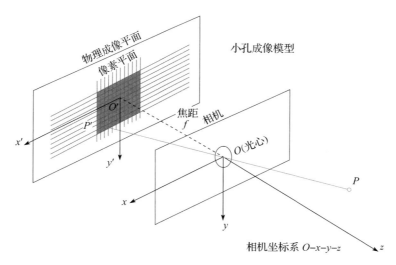

图 4-2　像素坐标系与相机坐标系

2. 相机坐标系

相机坐标系的原点设在相机的聚焦中心，其中光轴被设为 z 轴。如图 4-2 所示，坐标原点位于光心、z 轴朝向前方、x 轴指向右侧、y 轴指向下方，为右手坐标系。相机利用小孔成像原理，将真实世界中的影像投影到成像平面，此平面在物理世界中是真实存在的，拥有对应的物理尺寸，通常比较小，以毫米（mm）为单位。相机坐标系记为(x,y,z)。

3. 图像坐标系

为了能够定量描述三维空间到二维图像的映射关系，图形学里引入了图像坐标系。该坐标系是相机坐标系的一个平移，它的中心仍在相机主光轴上，距离光轴中心的距离等于相机的焦距。在实际中，相机会在光轴中心后方的底片上形成一个缩小的倒像，这是实际的像平面(X'_f, Y'_f)。为了方便分析和计算，我们会在光轴中心前方设立一个虚拟的像平面(X_f, Y_f)，该像平面上会呈正像，大小与真实倒像相同。

4. 世界坐标系

在环境中选择一个基准坐标系来描述相机的位置，并用它描述环境中任何物体的位置。

图 4-3 中标出了相机坐标系$O_C X_C Y_C Z_C$、像素坐标系$O_P X_P Y_P Z_P$、图像坐标系$O_I X_I Y_I Z_I$以及世界坐标系$O_W X_W Y_W Z_W$，其中，Π_1为世界坐标系所在平面，Π_2为像素坐标系所在平面。

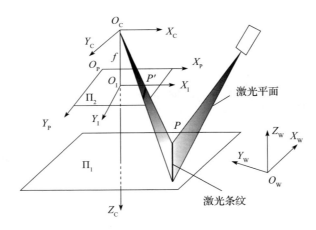

图 4-3　相机坐标系、像素坐标系、图像坐标系、世界坐标系

注：Z_P、Z_I都位于Z轴，和对应的平面垂直。

根据当前主要文献中的使用习惯，将相机焦距记为f、像素尺寸记为s_x，s_y，图像中成像中心的位置记为(c_x, c_y)，这些即为相机的内部参数，简称"内参"，用来确定相机从三维空间到二维平面的投影关系。在实际应用中，相机的内参还包括图像的畸变率等其他参数。在自动驾驶的场景中，相机的内参是固定不变的，但在使用前需要对其进行标定。相机的拍摄过程是从三维相机坐标系映射到二维像平面坐标系，再进一步映射到图像坐标系；而图像感知算法根据二维图像推断物体在三维相机坐标系中的位置，进而获取距离和深度信息。要从二维图像中获取物体在三维空间中的信息，还需掌握相机的外部参数，简称"外参"。外参决定了相机坐标系与世界坐标系之间的相对位置关系。在自动驾驶的应用场景中需要通过一系列标定工作来得到这一位置关系。

4.1.2 坐标系转换与视角转换模块

本节将介绍坐标系转换与视角转换模块。

1. 坐标系间的转换关系

（1）相机坐标系与图像坐标系

从相机坐标系到图像坐标系存在如式（4-1）所示的映射关系。

$$x_f = f\left(\frac{x_c}{z_c}\right), \quad y_f = f\left(\frac{y_c}{z_c}\right) \tag{4-1}$$

其中，f 表示相机焦距，x_f、y_f 表示图像坐标系下的横轴和纵轴坐标，x_c、y_c、z_c 表示相机坐标系下的 3 个轴坐标。

（2）图像坐标系与像素坐标系

从以毫米为单位的图像坐标系到以像素为单位的像素坐标系，存在如式（4-2）所示的线性转换关系。

$$\begin{bmatrix} u \\ v \\ 1 \end{bmatrix} = \begin{bmatrix} \frac{1}{\mathrm{d}x} & 0 & u_0 \\ 0 & \frac{1}{\mathrm{d}y} & v_0 \\ 0 & 0 & 1 \end{bmatrix} \begin{bmatrix} x_f \\ y_f \\ 1 \end{bmatrix} \tag{4-2}$$

其中，(x_f, y_f) 表示图像上每个像素在成像平面上所对应的坐标；(u,v) 对应像素坐标系中的坐标；$\begin{bmatrix} \frac{1}{\mathrm{d}x} & 0 & u_0 \\ 0 & \frac{1}{\mathrm{d}y} & v_0 \\ 0 & 0 & 1 \end{bmatrix}$ 表示两个坐标系下的转换矩阵，$\mathrm{d}x$、$\mathrm{d}y$ 分别代表每个像素在

x 轴和 y 轴方向上的物理尺寸（单位：毫米/像素）。

(3) 世界坐标系与相机坐标系

从世界坐标系转换到相机坐标系的过程涉及旋转和平移，将旋转与平移联合起来如式（4-3）所示。

$$\begin{bmatrix} X_w & Y_w & Z_w & 1 \end{bmatrix} = \begin{bmatrix} X_c & Y_c & Z_c & 1 \end{bmatrix} \begin{bmatrix} R & 0 \\ T & 1 \end{bmatrix} \quad (4\text{-}3)$$

$$R = R_x R_y R_z$$

$$T = \begin{bmatrix} t_x & t_y & t_z \end{bmatrix}$$

其中，R 和 T 分别为旋转和平移量，$\begin{bmatrix} R & 0 \\ T & 1 \end{bmatrix}$ 为相机外参。其中 X_w、Y_w、Z_w 为世界坐标系下的三维坐标，X_c、Y_c、Z_c 为相机坐标系下的三维坐标，R_x、R_y、R_z 以及 t_x、t_y、t_z 分别为相机坐标系下 3 个坐标轴到世界坐标系的旋转和平移量。

(4) 像素坐标系与世界坐标系

像素坐标系与世界坐标系如式（4-4）所示。

$$\begin{bmatrix} X_w \\ Y_w \\ Z_w \\ 1 \end{bmatrix} = \begin{bmatrix} R & T \\ 0 & 1 \end{bmatrix} \begin{bmatrix} \dfrac{Z_c}{f}\mathrm{d}x & 0 & \dfrac{-Z_c u_0 \mathrm{d}x}{f} \\ 0 & \dfrac{Z_c}{f}\mathrm{d}y & \dfrac{-Z_c v_0 \mathrm{d}y}{f} \\ 0 & 0 & Z_c \\ 0 & 0 & 1 \end{bmatrix} \begin{bmatrix} u \\ v \\ 1 \end{bmatrix} \quad (4\text{-}4)$$

焦距 f 为相机内参，$\mathrm{d}x$ 和 $\mathrm{d}y$ 为像素像元尺寸。

综上所述，4 个坐标系间存在如图 4-4 所示的转换关系。

讲完了坐标系转换的知识，我们进入视角转换模块的介绍。BEV 感知算法主要出现了 4 类视角转换模块方案。这 4 类方案分别是 IPM、Lift-Splat、MLP 和 Transformer。

2. 视角转换模块方案

(1) IPM

IPM 和逆透视变换是同一个概念的不同表述方式，它们之间存在着紧密的关系，实质上指的是相同的处理过程和技术。

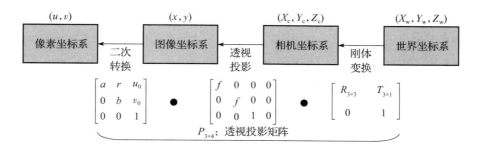

图 4-4 坐标系间的转换关系

IPM 是一种计算机视觉技术,主要用于消除图像中的透视失真,即将原本遵循透视规则投影到二维图像平面上的三维场景恢复到一个理想化的、无透视失真的观察视角,通常是鸟瞰视图。这一过程帮助从驾驶员或前置摄像头的视角图像中提取有用信息,如车道线检测、车辆检测等,对于自动驾驶、智能交通系统等领域尤为重要。

逆透视变换则是对这一过程更直接的操作描述,强调通过数学变换,即利用透视变换矩阵(通常是一个 3×3 的单应性矩阵),将图像像素坐标映射到世界坐标系中的某个平面上,如地面坐标,从而实现从透视图像到具有特定观察角度(如鸟瞰)图像的转换。这一转换允许我们从观察者(或摄像头)的透视视角转换到一个直接从上方观察的视角,因此是"逆"透视的。

IPM 的有效性基于一个关键假设,即地面是一个完美的平面。然而,在现实世界中,由于地面的高度变化和三维物体的存在往往会违反这一假设。此外,IPM 映射可能会引入视觉失真,这在需要精确定位的应用场景中可能不太适用。因此 IPM 通常用于车道检测或自由空间估计,在这些场景中,通常可以合理地假设地面接近平面。

(2) Lift-Splat

下面简单介绍一下 Lift-Splat 的原理。

1）Lift（抬升）。

①深度估计：对于每个摄像头捕获的 2D 图像，算法会估计图像中每个像素点的深度信息，即抬升。这可以通过多种方法实现，包括使用深度学习模型直接估计深度图，或者利用立体匹配技术从两个不同视角的图像中计算得到。

②3D 空间特征构造：一旦获得了每个像素的深度值，算法就能将这些像素从 2D 图像平面"抬升"到 3D 空间中，形成所谓的"视锥"（View Frustum）。这意味着每个像素的位置现在都有了 (x,y,z) 三维坐标。同时，2D 图像上的特征（如颜色、纹理等）也会被关联到这些 3D 空间中的点上，生成 3D 特征点云。

2）Splat（拍平）。

①视锥到 BEV 网格的映射：3D 特征点云需要被整合到一个二维的 BEV 网格中，即拍平。这一步骤通常涉及将 3D 空间中的点按照它们在地面平面上的投影位置分配到对应的 BEV 网格单元里。由于一个 BEV 网格单元可能有多个 3D 点投影过来，需要设计一种策略来合并这些信息，常见的方法是使用 sum-pooling 或 max-pooling 等操作，将多个特征聚合为单个 BEV 特征。

②特征编码：在分配到 BEV 网格的过程中，还会对特征进行编码，确保信息的有效表示。这可能包括特征的重新加权、归一化等处理，以便更好地适应后续的感知或决策任务。

通过 Lift 和 Splat 两个步骤，LSS（一种创新的多传感器融合方法，旨在将图像特征有效地映射到 BEV 空间）算法有效地将多个摄像头的多视角图像信息融合成一个统一的 BEV 表示，这种表示有助于自动驾驶车辆理解周围环境，完成物体检测、跟踪、避障等任务。此外，由于整个流程是端到端可训练的，LSS 算法能够通过反向传播优化深度估计和特征编码等环节，进一步提升性能。该方法能够更准确地表示真实世界的 3D 结构，但深度估计的准确性会影响 BEV 感知算法的性能。

（3）MLP

下面简单了解一下 MLP 的原理。

1）输入处理：首先，来自摄像头、激光雷达或其他传感器的数据经过预处理，转换成适合网络输入的格式。对于图像数据，可能涉及图像的标准化、裁剪或变换；对于点云数据，则可能需要体素化（Voxelization）或特征提取。

2）特征提取：MLP 网络的第一部分通常涉及多个隐藏层，用于从原始输入数据中提取有意义的特征。每一层由一系列神经元组成，每个神经元都会接收上一层的输出，通过加权求和并经过非线性激活函数（如 ReLU）来产生新的输出。这一过程逐步提炼输入数据中的模式，提取与目标检测、语义分割等感知任务相关的特征。

3）视角转换：在某些 BEV 感知算法中，MLP 特别用于实现从传感器原生视角（如前置、侧置摄像头或激光雷达的透视视角）到鸟瞰视角的转换。这要求 MLP 学习如何将传感器数据映射到一个新的坐标系中，这一过程可能涉及复杂的几何变换和深度估计，例如通过 Lift-Splat 方法中的 Lift 步骤将 2D 图像特征抬升到 3D 空间，然后再通过 Splat 步骤拍平到 BEV 网格。

4）特征融合：在多模态 BEV 感知算法中，来自不同传感器的特征（如图像的色彩和纹理信息与激光雷达的距离信息）需要被融合。MLP 可以通过设计特定的融合层或在特征提取阶段就进行跨模态的交互学习，高效地整合这些信息。

5）输出预测：经过一系列的特征提取和可能的视角转换后，最终的 MLP 层负责生成具体的输出，比如物体的边界框、类别标签、语义分割图等。这些输出直接对应于自动驾驶所需的环境理解任务。

MLP 方法实现简单，容易在车端部署，但它放弃了相机的内外参这些有用的先验信息，采取数据驱动的方式隐式学习这些信息。与 Transformer 系列方案相比，在性能上可能表现不佳。

（4）Transformer

利用基于注意力机制的 Transformer 方法对视角转换进行建模。由于 Transformer 使用全局注意力机制，它更适合执行视角转换任务。Transformer 克服了 CNN 中卷积层感受野受限的局限性，使得目标域中的每个位置都可以访问源域中的任何位置。其中的自注意力和交叉注意力机制允许模型在不同的视图之间建立丰富的关联，从而实现更加精确和灵活的视角转换。Transformer 的原理之后还会详细介绍，此处不再赘述。

4.1.3 LSS 原理

相比传统的多传感器数据处理方式，即对各个传感器单独进行检测后再进行融合，LSS 算法提供了一个端到端的训练模式，这种模式更为简洁高效。

1. LSS 简介

LSS 算法的核心优势在于它能够直接输出融合结果，省去了复杂的后处理阶段。它通过学习如何将来自不同摄像头的预测信息融合成一个统一、内聚的场景表示，显著提高了数据处理的效率和准确性。此外，LSS 算法对校准误差具有良好的鲁棒性，这在实际应用中至关重要，因为传感器之间的精确校准往往是一个挑战。

在地图分割等标准的 BEV 特征提取任务中，LSS 算法展现出卓越的性能。它所推断出的表征不仅准确，而且为端到端的运动规划提供了直观且可解释的基础。

自动驾驶技术的核心感知目标是从众多传感器中汇聚语义表征，融合为统一的 BEV 框架，以提升路径规划的效果。LSS 是一种新的端到端架构，可以直接从任意数量的摄像头图像数据中提取场景的 BEV 特征。LSS 的核心是将每幅图像单独抬升到每个相机的特征视锥中，然后将所有视锥拍平成光栅化的 BEV 网格。

2. LSS 架构

LSS 算法通过 Lift、Splat、Shoot 三个核心步骤，实现了多个相机的 2D 图像特征的融合，并且直接输出了后续任务所需的特征，构建了端到端的训练架构。

如图 4-5 所示，LSS 模型有两个骨干网络：一个骨干网络单独对每幅图像进行操作，以便对每幅图像生成的点云进行特征化处理；另一个骨干网络在参考帧中将点云拼成柱状后对其进行操作。LSS 模型将 n 幅图像（图 4-5 左图）及其相应的内外参数作为输入。在抬升步骤中，为每幅图像生成一个"视锥"点云（左中）。然后使用外特征参数和内特征参数将每个视锥拼接到 BEV 平面上（右中）。最后，使用 CNN 处理 BEV 特征，进行 BEV 语义分割或规划（图 4-5 右图）。

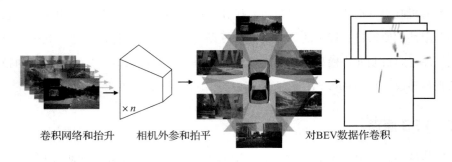

图 4-5　Lift、Splat、Shoot 步骤示意

Lift 步骤主要是通过视锥点云操作，将 2D 图像特征转换为 3D 特征。这里的视锥是由相机的内外参数定义的，它能够将像素从 2D 图像空间映射到 3D 点云空间，为每一个

像素生成多个可能的深度值，形成视锥点云。

Splat 步骤使用了一种特殊的柱状池化（Pillar Pooling）操作，将 3D 特征拍平到 BEV 空间，即将 3D 点云特征转换为 2D 的 BEV 特征。

在 Shoot 步骤，算法会在 BEV 特征图上进行路径规划等相关操作。LSS 模型的关键之处在于它实现了端到端的成本地图学习，即通过训练深度学习模型，从原始传感器（如激光雷达、摄像头等）数据中直接预测环境的成本地图。由于前面的 Lift 和 Splat 操作已经将所有的信息融合到了 BEV 特征图中，因此在这个阶段可以直接进行规划操作，而无须进行额外处理。

通过这一端到端的架构，LSS 算法能够高效地完成复杂的自动驾驶任务。

4.1.4　LSS 代码实现与模型运行

下面介绍如何使用 Python 语言实现 LSS 算法。

1. 输入数据预处理

代码清单 4-1 是数据的获取和预处理部分，主要用途是加载、过滤和增强输入数据，以便在神经网络中利用这些数据进行训练和推理。

代码清单 4-1　输入数据的获取和预处理

```python
def get_scenes(self):
    split = {
        'v1.0-trainval': {True: 'train', False: 'val'},
        'v1.0-mini': {True: 'mini_train', False: 'mini_val'},
    }[self.nusc.version][self.is_train]
    scenes = create_splits_scenes()[split]
    return scenes
def prepro(self):
    samples = [samp for samp in self.nusc.sample]
        samples = [samp for samp in samples if
            self.nusc.get('scene', samp['scene_token'])['name'] in self.scenes]
    samples.sort(key=lambda x: (x['scene_token'], x['timestamp']))
    return samples
def sample_augmentation(self):

    H, W = self.data_aug_conf['H'], self.data_aug_conf['W']
```

```python
        fH, fW = self.data_aug_conf['final_dim']

    if self.is_train:

        resize = np.random.uniform(* self.data_aug_conf['resize_lim'])

        resize_dims = (int(W* resize), int(H* resize))

        newW, newH = resize_dims

        crop_h = int((1 - np.random.uniform(* self.data_aug_conf['bot_pct_lim']))*
            newH) - fH

        crop_w = int(np.random.uniform(0, max(0, newW - fW)))

        crop = (crop_w, crop_h, crop_w + fW, crop_h + fH)

        flip = False

        if self.data_aug_conf['rand_flip'] and np.random.choice([0, 1]):

            flip = True

        rotate = np.random.uniform(* self.data_aug_conf['rot_lim'])

    else:

        resize = max(fH/H, fW/W)

        resize_dims = (int(W* resize), int(H* resize))

        newW, newH = resize_dims

        crop_h = int((1 - np.mean(self.data_aug_conf['bot_pct_lim']))* newH) - fH

        crop_w = int(max(0, newW - fW) / 2)

        crop = (crop_w, crop_h, crop_w + fW, crop_h + fH)

        flip = False
```

```
            rotate = 0

        return resize, resize_dims, crop, flip, rotate
```

get_scenes 函数根据数据集的版本和训练、验证标志来选择场景（scenes），不同版本的数据集可能包含不同的场景划分，这些划分用于不同的训练或验证。prepro 函数负责预处理样本，从数据集中筛选出特定场景的样本，并按场景和时间戳进行排序。sample_augmentation 函数执行数据增强操作，如调整大小、裁剪、翻转和旋转图像，以增加数据集的多样性，提高模型的泛化能力。

代码清单 4-2 负责从上面提取和增强过的数据集中提取出后续算法需要的实际的图像数据并指定摄像头。其中 get_image_data 提取和处理图像数据，进行数据增强，并返回处理后的图像和相关信息；get_lidar_data 提取和处理激光雷达数据；get_binimg 生成鸟瞰图平面的二进制图像，提供车辆位置信息。

代码清单 4-2　实际图像数据的提取及摄像头的指定

```
def get_image_data(self, rec, cams):

    imgs = []

    rots = []

    trans = []

    intrins = []

    post_rots = []

    post_trans = []

    for cam in cams:

        samp = self.nusc.get('sample_data', rec['data'][cam])

        imgname = os.path.join(self.nusc.dataroot, samp['filename'])

        img = Image.open(imgname)
```

```python
            post_rot = torch.eye(2)

            post_tran = torch.zeros(2)

            sens = self.nusc.get('calibrated_sensor', samp['calibrated_sensor_token'])

            intrin = torch.Tensor(sens['camera_intrinsic'])

            rot = torch.Tensor(Quaternion(sens['rotation']).rotation_matrix)

            tran = torch.Tensor(sens['translation'])

            resize, resize_dims, crop, flip, rotate = self.sample_augmentation()

            img, post_rot2, post_tran2 = img_transform(img, post_rot, post_tran, resize=
                resize, resize_dims=resize_dims, crop=crop, flip=flip, rotate=rotate)

            post_tran = torch.zeros(3)

            post_rot = torch.eye(3)

            post_tran[:2] = post_tran2

            post_rot[:2, :2] = post_rot2

            imgs.append(normalize_img(img))

            intrins.append(intrin)

            rots.append(rot)

            trans.append(tran)

            post_rots.append(post_rot)

            post_trans.append(post_tran)

        return (torch.stack(imgs), torch.stack(rots), torch.stack(trans),
                torch.stack(intrins), torch.stack(post_rots), torch.stack(post_trans))
    def get_lidar_data(self, rec, nsweeps):
        pts = get_lidar_data(self.nusc, rec,
                nsweeps=nsweeps, min_distance=2.2)
```

```python
            return torch.Tensor(pts)[:3]
    def get_binimg(self, rec):
        egopose = self.nusc.get('ego_pose',
                                self.nusc.get('sample_data', rec['data']
                                    ['LIDAR_TOP'])['ego_pose_token'])
        trans = -np.array(egopose['translation'])
        rot = Quaternion(egopose['rotation']).inverse
        img = np.zeros((self.nx[0], self.nx[1]))
        for tok in rec['anns']:
            inst = self.nusc.get('sample_annotation', tok)
            if not inst['category_name'].split('.')[0] == 'vehicle':
                continue
            box = Box(inst['translation'], inst['size'], Quaternion(inst['rotation']))
            box.translate(trans)
            box.rotate(rot)
            pts = box.bottom_corners()[:2].T
            pts = np.round(
                (pts - self.bx[:2] + self.dx[:2]/2.) / self.dx[:2]
                ).astype(np.int32)
            pts[:, [1, 0]] = pts[:, [0, 1]]
            cv2.fillPoly(img, [pts], 1.0)
        return torch.Tensor(img).unsqueeze(0)
    def choose_cams(self):
        if self.is_train and self.data_aug_conf['Ncams'] < len(self.data_aug_conf['
                                                                        cams']):
            cams = np.random.choice(self.data_aug_conf['cams'], self.data_aug_conf
                                    ['Ncams'], replace=False)
        else:
            cams = self.data_aug_conf['cams']
        return cams
    def __str__(self):
        return f"""NuscData: {len(self)} samples. Split: {"train" if self.is_train
                                                        else "val"}.
                    Augmentation Conf: {self.data_aug_conf}"""
    def __len__(self):
        return len(self.ixes)
```

2. LSS 算法实现分析

LSS 算法主要基于 LiftSplatShoot 类实现。LSS 计算流程如图 4-6 所示。

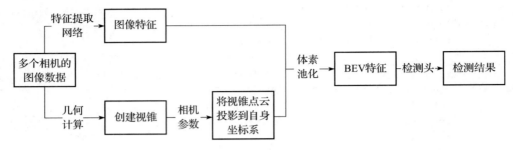

图 4-6 LSS 计算流程

（1）创建视锥并投影

LSS 接收多幅图像及其相应的内外参数作为输入数据。这些图像来自不同的相机，用于捕捉环境的多个视角。我们可以把二维像素理解为现实世界中的某一个点到相机中心的一条射线，通过相机的内外参数，可以确定点与射线的对应关系。之后计算射线上的点属于 BEV 空间的哪一个网格，从而实现图像特征可以根据射线上的点和 BEV 网格的从属关系，将特征放置到对应的网格中。由于 LSS 需要显式估计像素的离散深度，因此需要在距离相机 5m 到 45m 的视锥内，每隔 1m 设置一个模型可选的深度值，即估计 41 个离散深度。向函数输入基础配置参数，包括网格的大小和形状，从而可以输出一个代表视锥网格的张量。创建视锥并投影的过程如代码清单 4-3 所示。

代码清单 4-3　创建视锥并投影

```
def create_frustum(self):
#原始图像大小,ogfW:352   ogfH:128

    ogfH, ogfW = self.data_aug_conf['final_dim']
#下采样16倍后图像大小,fH:8   fW:22

    fH, fW = ogfH // self.downsample, ogfW // self.downsample

    ds = torch.arange(*self.grid_conf['dbound'], dtype=torch.float).view(-1, 1, 1).
        expand(-1, fH, fW)

    D, _, _ = ds.shape# D: 41 表示深度方向上网格的数量

    xs = torch.linspace(0, ogfW - 1, fW, dtype=torch.float).view(1, 1, fW).expand
        (D, fH, fW)

    ys = torch.linspace(0, ogfH - 1, fH, dtype=torch.float).view(1, fH, 1).expand
```

```
            (D, fH, fW)

        frustum = torch.stack((xs, ys, ds), -1)

        return nn.Parameter(frustum, requires_grad=False)
```

输入旋转矩阵、平移矩阵和相机内参矩阵及后处理的相应矩阵，输出形状为（B，N，depth，H，W，3）的点云，即每个点在不同深度下的位置在自身坐标系下的对应坐标，计算点云的代码如代码清单 4-4 所示。其中，B 为批次中样本数量；N 为环视相机个数；depth 是深度；H 是图像高度；W 是图像宽度。

代码清单 4-4　计算点云

```
def get_geometry(self, rots, trans, intrins, post_rots, post_trans):
    B, N, _ = trans.shape
    points = self.frustum - post_trans.view(B, N, 1, 1, 1, 3)
    points = torch.inverse(post_rots).view(B, N, 1, 1, 1, 3, 3).
        matmul(points.unsqueeze(-1))
    points = torch.cat((points[:, :, :, :, :, :2]*points[:, :, :, :, :, 2:3],
                        points[:, :, :, :, :, 2:3]
                        ), 5)
    combine = rots.matmul(torch.inverse(intrins))
    points = combine.view(B, N, 1, 1, 1, 3, 3).matmul(points).squeeze(-1)
    points += trans.view(B, N, 1, 1, 1, 3)
return points
```

（2）特征提取和构建点云

CamEncode 类可以实现特征提取，如代码清单 4-5 所示，其中利用 EfficientNet 对输入图像进行深度特征提取，并对提取的后两层特征进行融合，以丰富特征的语义信息。对深度方向的概率分布做出估计，同时计算深度方向的概率密度，将得到的深度方向概率密度与语义特征做外积，以构建图像的特征点云。特征提取后得到图像的深度分布和特征。注意，此处预测的深度来源于监督学习，训练的标签是数据集中标记的物体在鸟瞰视图中的投影位置。

代码清单 4-5　CamEncode 类实现特征提取

```
class CamEncode(nn.Module):
    def __init__(self, D, C, downsample):
        super(CamEncode, self).__init__()
```

```python
            self.D = D
            self.C = C
            self.trunk = EfficientNet.from_pretrained("efficientnet-b0")
            self.up1 = Up(320+112, 512)
            self.depthnet = nn.Conv2d(512, self.D + self.C, kernel_size=1, padding=0)
    def get_depth_dist(self, x, eps=1e-20):
        return x.softmax(dim=1)
    def get_depth_feat(self, x):
        x = self.get_eff_depth(x)
        x = self.depthnet(x)
        depth = self.get_depth_dist(x[:, :self.D])
        new_x = depth.unsqueeze(1)*x[:, self.D:(self.D + self.C)].unsqueeze(2)
        return depth, new_x
    def get_eff_depth(self, x):
        endpoints = dict()
        x = self.trunk._swish(self.trunk._bn0(self.trunk._conv_stem(x)))
        prev_x = x
        for idx, block in enumerate(self.trunk._blocks):
            drop_connect_rate = self.trunk._global_params.drop_connect_rate
            if drop_connect_rate:
                drop_connect_rate *= float(idx) / len(self.trunk._blocks) # scale drop
                    connect_rate
            x = block(x, drop_connect_rate=drop_connect_rate)
            if prev_x.size(2) > x.size(2):
                endpoints['reduction_{}'.format(len(endpoints)+1)] = prev_x
            prev_x = x
        endpoints['reduction_{}'.format(len(endpoints)+1)] = x
        x = self.up1(endpoints['reduction_5'], endpoints['reduction_4'])
        return x
```

（3）利用体素池化构建 BEV 特征

利用体素池化处理自身坐标系中的对应坐标点及形如（B, N, D, C, H, W）的点云特征 x，再经过 cumsum_trick 函数完成池化以构建 BEV 特征，如代码清单 4-6 所示。

代码清单 4-6　利用体素池化构建 BEV 特征

```python
def voxel_pooling(self, geom_feats, x):
    B, N, D, H, W, C = x.shape
    Nprime = B*N*D*H*W
    x = x.reshape(Nprime, C)
    geom_feats = ((geom_feats - (self.bx - self.dx/2.)) / self.dx).long()
    geom_feats = geom_feats.view(Nprime, 3)
```

```
            batch_ix = torch.cat([torch.full([Nprime//B, 1], ix,
                                device=x.device, dtype=torch.long) for ix in range(B)])
            geom_feats = torch.cat((geom_feats, batch_ix), 1)
            kept = (geom_feats[:, 0] >= 0) & (geom_feats[:, 0] < self.nx[0]) \
                & (geom_feats[:, 1] >= 0) & (geom_feats[:, 1] < self.nx[1]) \
                & (geom_feats[:, 2] >= 0) & (geom_feats[:, 2] < self.nx[2])
            x = x[kept]          #此处目的是过滤掉边界以外的点
            geom_feats = geom_feats[kept]
            ranks = geom_feats[:, 0] * (self.nx[1] *self.nx[2] *B) \
                + geom_feats[:, 1] * (self.nx[2] *B) \
                + geom_feats[:, 2] *B \
                + geom_feats[:, 3]
            sorts = ranks.argsort()
            x, geom_feats, ranks = x[sorts], geom_feats[sorts], ranks[sorts]
            if not self.use_quickcumsum:
                x, geom_feats = cumsum_trick(x, geom_feats, ranks)
            else:
                x, geom_feats = QuickCumsum.apply(x, geom_feats, ranks)
            #给每一个点一个rank值,rank相等的点在同一个batch中,并且在同一个格子里面
            #按照rank排序,这样rank相近的点就在一起了。同batch的一个格子里只留一个点
            final = torch.zeros((B, C, self.nx[2], self.nx[0], self.nx[1]),
                device=x.device)
            final[geom_feats[:, 3], :, geom_feats[:, 2], geom_feats[:, 0],
                geom_feats[:, 1]] = x
            final = torch.cat(final.unbind(dim=2), 1)
            return final
```

（4）使用 BevEncode 类进行特征融合

对 BEV 特征进行多尺度特征提取，对输出的多尺度特征进行融合，并对融合后的特征实现 BEV 网格上的语义分割，可以通过 BevEncode 类来实现，如代码清单 4-7 所示。BevEncode 类基于 ResNet18 网络，输入形状为（B, inC, H, W）的图像张量，输出形状为（B, outC, H, W）的特征图。其中 inC 和 outC 分别是输入和输出的通道数。

代码清单 4-7　使用 BevEncode 类实现特征融合

```
class BevEncode(nn.Module):
    def __init__(self, inC, outC):
        super(BevEncode, self).__init__()
        trunk = resnet18(pretrained=False, zero_init_residual=True)
        self.conv1 = nn.Conv2d(inC, 64, kernel_size=7, stride=2, padding=3,
                            bias=False)
```

```python
        self.bn1 = trunk.bn1
        self.relu = trunk.relu
        self.layer1 = trunk.layer1
        self.layer2 = trunk.layer2
        self.layer3 = trunk.layer3
        self.up1 = Up(64+256, 256, scale_factor=4)
        self.up2 = nn.Sequential(
            nn.Upsample(scale_factor=2, mode='bilinear',
                        align_corners=True),
            nn.Conv2d(256, 128, kernel_size=3, padding=1, bias=False),
          nn.BatchNorm2d(128),
            nn.ReLU(inplace=True),
            nn.Conv2d(128, outC, kernel_size=1, padding=0),
        )
    def forward(self, x):
        x = self.conv1(x)
        x = self.bn1(x)
        x = self.relu(x)
        x1 = self.layer1(x)
        x = self.layer2(x1)
        x = self.layer3(x)
        x = self.up1(x, x1)
        x = self.up2(x)
        return x
```

3. LSS 模型运行

运行 LSS 模型的具体方法如下。

（1）准备工作

1）在 nuScenes 官网下载 nuScenes 数据集。

2）安装所需的依赖项。在命令行中运行以下命令：

```
pip install nuscenes-devkit tensorboardX efficientnet_pytorch==0.7.0
```

（2）预训练模型

可通过以下网址下载预先训练的 BEV 车辆分割模型：https://drive.google.com/file/d/18fy-6beTFTZx5SrYLs9Xk7cY-fGSm7kw/view?usp=sharing。

（3）评估模型

在 nuScenes 验证集上评估模型的 IoU，使用以下命令：

```
python main.py eval_model_iou mini/trainval --modelf=MODEL_LOCATION --dataroot=
    NUSCENES_ROOT
```

其中，MODEL_LOCATION 是预训练模型的位置，NUSCENES_ROOT 是 nuScenes 数据集的根目录。

（4）预测结果可视化

如果想要可视化模型输出的 BEV 细分结果，可以使用以下命令：

```
python main.py viz_model_preds mini/trainval --modelf=MODEL_LOCATION --
    dataroot=NUSCENES_ROOT --map_folder=NUSCENES_MAP_ROOT
```

图 4-7 所示为 6 个摄像头的视角（下图）和可视化模型输出的预测结果（上图）。

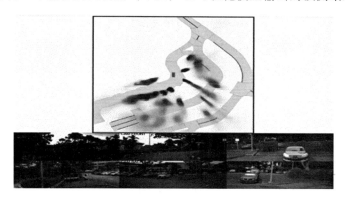

图 4-7 BEV 可视化细分结果

（5）输入/输出数据可视化

输入/输出数据可视化可以使用以下命令：

```
python main.py lidar_check mini/trainval --dataroot=NUSCENES_ROOT --
    viz_train=False
```

此命令将进行目视检查，确保内外参数被正确解析。如图 4-8 所示，左图是使用内外参数投影的带有激光雷达扫描结果的输入图像，中间图是激光雷达扫描图像的投影，右图是升降拼接模型生成的点云的 X-Y 投影。如果想查看数据增强效果，可以使用 --viz_train=True 参数。

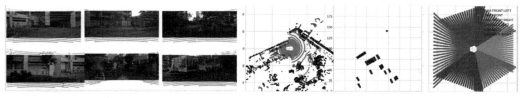

图 4-8 输入/输出数据可视化

(6)训练模型

可以使用以下命令来训练模型:

```
python main.py train mini/trainval --dataroot=NUSCENES_ROOT --logdir=./runs
    --gpuid=0 --tensorboard --logdir=./runs --bind_all
```

4.2　BEV感知算法中的注意力机制

在自动驾驶和计算机视觉领域,BEV感知算法中的注意力机制发挥着重要作用。该机制通过模拟人类视觉系统的注意力分配过程,使算法聚焦于输入数据中的关键信息,进而提高感知和决策的准确性与效率。其核心在于使算法自主学习和调整对输入数据中不同部分的关注程度。

BEV感知算法中的注意力机制通常与Transformer紧密结合。Transformer通过计算输入序列中各个元素之间的相关性来捕捉全局依赖关系,这在处理多模态数据(如激光雷达点云和摄像头图像)时尤为有效。通过Transformer,BEV感知算法能够生成车辆周围环境的鸟瞰图表示,为后续的决策和规划提供有力支持。

注意力机制有多种变体,包括通道注意力机制、空间注意力机制和混合注意力机制。通道注意力机制关注不同特征通道之间的重要性差异,通过调整通道权重来优化特征表示。空间注意力机制则侧重于不同空间位置的信息,使算法能够聚焦于场景中的关键区域。混合注意力机制结合了前两个注意力机制的优点,能够更全面地捕捉输入数据中的重要信息。

此外,基于Transformer的变体模型(如Vision Transformer、Swin Transformer和Detection Transformer)在BEV感知算法中也得到了广泛应用。这些模型通过引入不同的注意力机制和架构设计进行改进,进一步提升了BEV感知算法的性能和泛化能力。它们能够更有效地处理复杂的驾驶场景,提高自动驾驶系统的安全性和可靠性。

4.2.1　通道注意力机制

通道注意力机制是一种评估和调整特征图通道重要性的策略。在CNN中,每个通道都被视为一个特征检测器,用于捕捉图像的不同方面。然而,不同的通道对特定任务的贡献程度可能不同。因此,有效地评估和利用这些通道信息对于提高网络性能至关重要。

通道注意力机制通过引入"挤压-激励"（Squeeze-and-Excitation，SE）模块来实现。该模块首先使用全局平均池化将每个通道的空间信息压缩为一个数值，从而生成通道描述符。然后，通过一个小型前馈网络处理这些描述符，学习通道间的相互关系，并输出每个通道的权重。这些权重用于重新校准原始特征图，以强调重要通道并抑制不相关通道。这种机制有助于模型更加关注对任务有贡献的通道，从而提高特征表示的质量。

4.2.2　空间注意力机制

与通道注意力机制不同，空间注意力机制关注图像各个区域的重要性。它使算法能够自主学习图像中不同区域的注意力权重，从而更加关注关键区域并忽略非关键区域。这种机制有助于算法更加高效地处理图像信息，提高感知的准确性。

空间注意力机制可以通过引入注意力模块来实现。例如，空间变换网络（Spatial Transformer Networks，STN）结构中的空间变换器就是一种典型的空间注意力机制。它能够预测一个空间变换参数，将输入图像进行空间变换以对齐到关键区域。空间注意力机制使算法在处理存在形变、旋转或尺度变化的图像时更加鲁棒。

4.2.3　混合注意力机制

混合注意力机制结合了通道注意力机制和空间注意力机制的优点，旨在更全面地增强模型的特征选择能力。卷积块注意力模块（Convolutional Block Attention Module，CBAM）就是一种典型的混合注意力机制。它首先使用通道注意力机制调整特征图的通道权重，然后使用空间注意力机制调整不同空间位置的权重。这种机制有助于模型同时关注通道和空间维度上的重要信息，从而提高特征表示的全面性和准确性。在自动驾驶系统中，混合注意力机制能够显著提升 BEV 感知算法的性能，为实现更高级别的自动驾驶功能提供有力支持。同时，混合注意力机制也具有广泛的适用性，可以应用于其他计算机视觉任务中以提高性能。

4.2.4　BEV 感知算法中的时序融合

时序融合是提高 BEV 感知算法准确性和连续性的关键，可以弥补单帧检测的局限性，增强感受能力，并改善目标检测的针尖跳变和遮挡问题。它还可以更准确地判断目标的运动速度，对目标预测和跟踪有着重要作用。

传统的时序融合技术主要依赖于循环神经网络（RNN）和卡尔曼滤波等方法。然而，这些方法有其固有的限制，例如过度依赖检测结果、对独立个体效益有限，以及可能带来额外的计算负担。目前的研究更倾向于在特征级别进行融合，特别是跨模态和跨时空的融合。这种方式不仅能克服前述限制，还可以显著提高内存使用效率。如图 4-9 所示，BEVFormer 是一种自动驾驶范式，利用查询时空空间并相应地聚合时空信息，为感知任务带来更强的表示。

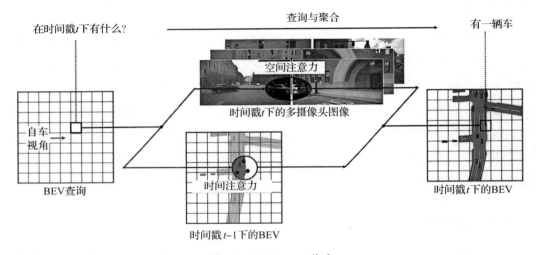

图 4-9　BEVFormer 范式

具体而言，时序融合方法可分为图像域特征融合和 BEV 域特征融合两大类。图像域特征融合保留前一帧的相机坐标系的特征，具有可融合区域大、自适应调节权重等优点，但缺点是占用显存大且重新进行特征融合耗时较长。而 BEV 域特征融合保留了已经融合好的前一帧的雷达坐标系特征，方法简单，占用显存少，但同时造成了融合区域小、无法自动调节前序帧权重以及可用的时序区间短等问题，具体融合手段包括 CNN、Transformer 和 stereo 等方法。

在融合算法中，有几个对结果影响较大的关键点：训练的前序帧选择，即选择哪些前序帧用于训练；融合分辨率，即融合过程中涉及的特征图的空间分辨率，分辨率越高越清晰；时空对齐，即前序帧的特征需要与当前帧的特征进行对齐，因为各帧处于不同的坐标系下，故需要根据自身的运动姿态进行调整。出于对最终开销问题的综合考虑，各性能间需要做出平衡。

基于 Transformer 的 BEV 域特征融合是一项经典技术，它维护了前序帧的编码器输出的 BEV 特征，首先执行时空对齐，随后在当前帧的时序自注意力模块中与当前帧的 BEV 特征各自经历特征间的自注意力处理，最终通过平均这些信息实现融合。这是一种细粒度的融合策略，确保在 Transformer 的每一层级都与当前帧的特征进行一次集成。Polar 融合在 DETR3D 的基础上实现了创新，通过从传统的笛卡儿坐标系转换到极坐标系来解决因矩形范围不一导致的对齐模糊问题。极坐标下固有的圆形对称性确保了相同距离的目标被平等考虑，从而促进了更快的收敛性能。该方法通过保留多个前期的真实目标查询，经时空对齐后与当前帧拼接，执行自注意力操作并伴随降维处理，其特点是采用非递归的一次性多帧融合方式，有效缩短了训练时长。实验结果显示，基于 Transformer 的 BEV 域特征融合相比单帧方法有显著提升；而 Polar 融合方法相比 DETR3D 也显示出增强效果。此外，引入时序维度的版本相比无时序考量的版本，同样有大幅度的进步。

基于 CNN 的 BEV 域特征融合方法中，BEVDet4D 方法具有代表性。该方法在 BEVDet 的基础上进行升级，加入了时序融合，保留前序帧的 BEV 特征，进行时空对齐后，与当前帧的 BEV 特征进行通道维度的拼接，再输入到 BEV 编码器中进行融合。这种方法与 BEVFormer 的深度融合不同，只进行了一次融合。前序帧的选择是从前三帧或后三帧中随机选择一帧。实验结果表明，BEVDet4D 相比 BEVFormer 有一定的提升。

PolarFormer 与 BEVFormer 的主要区别在于坐标系的差异。PolarFormer 保留了前序帧的 polar BEV 特征，与当前帧进行拼接后输入到 polar BEV 编码器。PolarFormer 在采样时加入了非关键帧，提升了随机性。实验结果显示，PolarFormer 相比 BEVFormer 也有一定的提升。

PETR v2 是图像域特征融合的代表性方法。该方法在 PETR 的基础上进行改进，主要解决了视角转换中内外参数投影开销较大的问题。通过预先计算好投影关系并做成 3D 的传统编码，将其加到 2D 图像上，从而使 2D 图像特征天然带有 3D 信息。在时序融合方面，PETR v2 保留了多视角的图像特征，并将前序帧的图像特征转换到当前帧的坐标系下，实现了二倍视角的效果。在交叉注意力阶段，直接与这些视角进行交互，最终融合了前序帧和当前帧的信息。该方法相比 BEV 域特征融合具有更大的信息融合区域。

此外，还有基于 CNN 的图像域特征融合方法。尽管在 BEV 检测中并不常见，但基于 CNN 的图像域特征融合方法在视频识别领域有着广泛的应用。该方法使用 3D 卷积在图像域进行实际融合，因为 3D 卷积相比 2D 卷积多了一个时序维度，可以天然地进行时序融合。UnitFormer 模型使得 3D 卷积在融合局部特征方面有优势，而 Transformer 在融合全局特征方面有优势。因此，在浅层使用 3D 卷积提取局部特征，并在深层使用或学习全局特征可以显著提高效果。

基于双目视觉的 stereo 方法是唯一一种有理论支撑的时序融合方法。它将带有位姿信息的时序帧作为双目视图进行深度估计。即使双目视图是在不同帧拍摄的，只要可以计算出两者之间的标定信息，也可以将其作为双目视图处理。BEV Stereo 是 stereo 方法的代表性模型，它将多视图分为两个方向输入到共享权重的两个子网络中进行单目和双目深度估计，然后进行深度估计的融合。该方法相比其他模型具有更高的精度。然而，计算 cost volume 的复杂度非常高，对实际应用有一定影响。

近期的 Solo Fusion 模型借鉴了 BEV Stereo 的思想，并在此基础上进行了进一步的分析和改进。Solo Fusion 模型提出了影响时序融合效果的主要因素是时序融合区间和融合分辨率。对于时序融合区间来说并非越长越好，但在图像域特征中进行融合时，共识区域较大且时间间隔长的两帧匹配点对的距离较远，能够提高深度估计的准确性。融合分辨率在理论上越高越好，然而，考虑到实际部署和推理过程中的限制，我们无法使用过高的分辨率。但延长融合时间可以弥补低分辨率导致的性能下降，而且不会增加显存的占用。

4.3　本章小结

本章主要介绍了 BEV 感知算法的基本模块。首先，在视角转换方面，详细阐述了自动驾驶中的坐标系以及坐标系间的转换关系。同时，还深入探讨了逆透视变换的原理和计算方法，以及 LSS 的原理和代码实现。

最后，本章介绍了 BEV 感知算法中的时序融合问题。时序融合在自动驾驶感知中具有重要意义，能够帮助模型充分利用历史信息，提高对未来状态的预测能力。同时，还对卷积网络与 Transformer 进行了对比分析，从模型学习的数据特征、数据和网络结构的匹配以及模型规模和网络选择等方面进行了探讨。本章为 BEV 感知算法的研究和应用提供了有益的参考。

第 5 章

显式视角转换的 BEV 感知算法

在撰写这一章节之前,我深入思考了一个关键问题:**如何更合理地阐述或分类 BEV 感知算法**。这一思考过程中,我发现不同技术路线之间存在着显著的差异,而这些差异的核心在于知识的存储方式——形式化存储与参数化存储。

1. 知识的存储方式

1)形式化存储:以公式、数据库或参数等形式,明确地存储模型所需的知识。其优势在于知识更新迅速,便于迁移。例如,当我们想要将模型部署到新汽车上时,仅需更新配置文件中的参数即可完成迁移。这些参数就是形式化存储的知识的实例。

2)参数化存储:这种方式通过训练模型,将数据集中的数据模式和内在关系存储在模型的权重文件中。与形式化存储不同,这种方式存储的知识不直接被人理解,但其泛化能力更强。例如,在流行的语言模型中,尽管没有外挂知识库,但模型仍能回答常见问题并给出正确答案。然而,参数化存储的缺点是知识更新不便,且训练成本较高,同时难以直接评估知识是否被正确训练进了模型中。

在 BEV 感知算法的核心模块——视角转换中,同样存在上述两种知识存储方式的应用,即显式转换(形式化存储)和隐式转换(参数化存储)。这里的"知识"指的是原始图像数据到鸟瞰视角下的对应关系。

2. 视角转换中的知识存储应用

1) 显式转换：通过明确的数学变换公式或方法，将原始图像数据直接映射到鸟瞰视角。它依赖于精确的几何模型和传感器标定参数，映射过程直观且易于理解。然而，也可能受到标定误差和模型简化等因素的影响。

2) 隐式转换：采用更复杂的方法（如深度学习网络），来学习原始图像数据到鸟瞰视角的映射关系。它不依赖于显式的几何模型，而是通过大量数据的训练来优化转换效果。隐式转换具有强大的学习能力和对复杂场景的适应性，但也面临训练数据需求大、模型复杂度高等挑战。

表 5-1 是 BEV 感知算法中显式转换和隐式转换的对比。

表 5-1 显式转换和隐式转换对比表

对比项	显式转换	隐式转换
方法	使用明确的数学变换公式或几何模型进行转换	利用深度学习网络等复杂方法来学习数据间的映射关系
依赖	依赖于精确的几何模型和传感器标定参数	不直接依赖几何模型，而依赖于训练数据和深度学习模型的泛化能力
直观性	转换过程直观且易于理解	转换过程相对不直观，但可以通过训练数据优化结果
可解释性	转换过程和结果具有高度的可解释性	转换过程和结果的解释性相对较弱，更多依赖于模型学习的结果
误差来源	可能受到标定误差、模型简化等因素的影响	可能受到训练数据质量、模型复杂度等因素的影响
适应性	对于已知和固定的传感器配置效果较好，但对新的或变化的配置适应性较差	对于复杂和多变的环境具有较好的适应性，但需要足够的训练数据
计算需求	相对较低的计算需求，因为使用的是确定的数学模型	较高的计算需求，尤其是在模型训练和推理阶段
数据需求	对标定数据和几何模型的需求较高	对大规模、多样化的训练数据需求较高

在本章和下一章中会根据不同的视角转换的技术路线来介绍 BEV 感知算法。

5.1 基于 LSS 方法的显式视角转换的 BEV 感知算法

前面详细探讨了 LSS 方法的基本原理和实现代码。LSS 作为一种显式的视角转换技术，为后续的 3D 检测方法提供了坚实的基础。基于 LSS 的代表性方法主要有 BEVDet 和 BEVDet4D 两种。

5.1.1 BEVDet

BEVDet 算法是显示转换方法中的代表方法。BEVDet 算法通过将图像空间的特征转换到 BEV 空间下进行目标检测，从而实现了对周围环境的准确高效地感知。

BEVDet 算法主要包含以下 4 个模块，4 个模块的计算过程也就是 BEVDet 的框架，如图 5-1 所示。

图像视图编码器：主要负责从原始图像中提取特征。它通常包括一个骨干网络（backbone）和一个特征融合网络（neck）。骨干网络可以是像 ResNet 或 Swin Transformer 这样的深度学习模型，用于从图像中提取有用的特征。特征融合网络则负责将这些特征进行融合，以生成更具代表性的特征图。

视角转换器：主要将原始图像空间的特征转换到 BEV 空间下。它通过 LSS 方法，将图像特征映射到 3D 空间，并投影到 BEV 平面上，从而得到 BEV 特征图。

BEV 编码器：在得到 BEV 特征图后，该模块会进一步对其进行编码，以提取更高级别的特征。这个模块可能包括一些卷积层、池化层等，用于增强特征的表示能力。

3D 目标检测头：针对特定任务的输出层。在 BEVDet 算法中，它主要用于 3D 目标检测。通过处理 BEV 编码器输出的特征图，3D 目标检测头可以预测出目标的类别、位置和方向等信息。

BEVDet 算法通过这 4 个模块的协同工作，实现了从原始图像空间到 BEV 空间下的目标检测的完整流程。该算法在自动驾驶领域具有重要的应用价值，因为它能够提供准确且实时的环境感知信息，从而支持车辆的自主导航和决策。

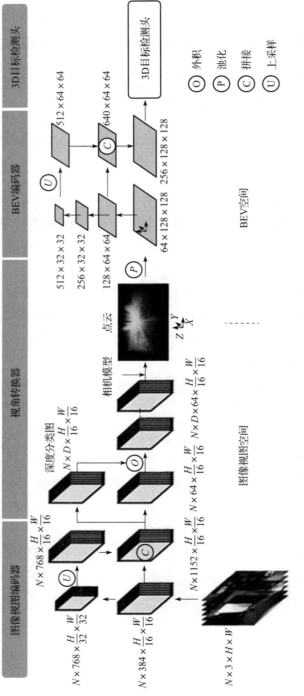

图 5-1 BEVDet框架图

5.1.2 BEVDet4D

BEVDet4D 算法是 BEVDet 的扩展版本，它在原有的基础上引入了时序信息，将 3D 目标检测扩展到时间+空间的 4D 范畴。这一改进使得算法能够更好地处理动态场景，提高目标检测的准确性和稳定性。

BEVDet4D 算法主要包含以下几个模块。

1）图像视图编码器：与 BEVDet 中的图像视图编码器类似，该模块用于从环视图像中提取特征。它通常包括一个骨干网络和一个特征融合网络，用于从图像中捕捉并融合有用的特征信息。

2）视角转换器：此模块的功能也是将原始图像空间的特征转换到 BEV 空间下。它利用深度估计等算法，将图像特征映射到 3D 空间，并最终投影到 BEV 平面上，生成 BEV 特征图。

3）时序特征融合：BEVDet4D 中新增的关键模块。它负责融合当前帧和先前帧的 BEV 特征，以捕捉场景中的动态变化。通过保留先前帧的中间 BEV 特征，并与当前帧的特征进行对齐和拼接，时序特征融合模块能够提供时间线索，从而增强目标检测的准确性。

4）BEV 编码器和 3D 目标检测头：在融合了时序特征后，BEV 编码器会进一步处理这些特征，提取更高级别的信息。随后，3D 目标检测头根据这些高级特征进行目标检测、分类和方向预测等任务。

通过这些模块的协同工作，BEVDet4D 算法能够更有效地处理动态场景中的目标检测问题，提供更为准确和鲁棒的环境感知信息，这对自动驾驶系统的决策和规划至关重要。

5.2 BEVDet 中的视角转换过程

BEVDet 在视角转换阶段，采用了典型的 LSS 过程。该过程生成的特征为 $64 \times 128 \times 128$ 大小的点云，对应于 $C \times H \times W$，其中，C 表示通道数，H 表示高度，W 表示宽度。该过程通过视角转换器实现，如图 5-2 所示，图中 N 表示样本数量，D 表示深度信息。

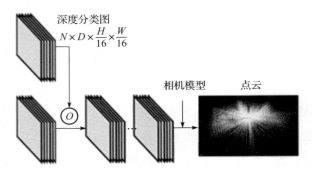

图 5-2 视角转换器

将特征转换为 BEV 空间后，系统在 BEV 空间进行了一层 BEV 编码器的处理。在此基础上，系统设计了一个检测头（Head），其中编码器采用了典型的 ResNet 结构结合特征金字塔网络（Feature Pyramid Network，FPN）。该检测头（Head）则使用 CenterPoint 的一阶段网络，CenterPoint 网络结构如图 5-3 所示。在 BEV 特征的 Head 图上回归对应的关键点。这些关键点映射到目标物体上，作为特征的基础，并通过基于特征的方法进行 3D 边界框的回归，从而实现 3D 目标检测。这一系列步骤采用了较为传统的方法，目的是将这些关键点集成在一起，形成一个完整的多相机 3D 检测模型。

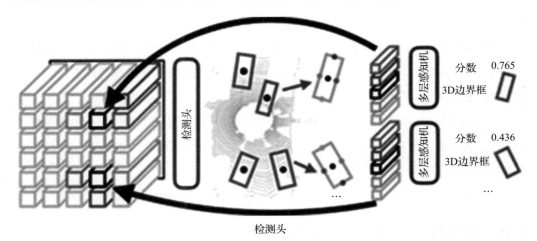

图 5-3 CenterPoint 网络结构

相对于整个实践的量产过程，该模型在实际应用中的使用频次较高。此外，该模型在底层，还存在一些其他设计细节。例如，在 BEV 空间上，该模型发现了一些遮挡问题。通过进一步分析，可以发现图像域的空间尽管生成了一个 BEV 特征，但在图像域会进行一些相应的增强，以使图像域特征更加丰富，如一个批次看似对应的是 6 张图片，实际上对应了 n 张图片，其中 n 与数据集有关。但 BEV 空间却未受到增强。基于这一观察，该模型针对 BEV 空间缺乏数据增强的情况进行了调整。这样的方法在后续得到了广泛的应用。

5.3　BEVDet4D 中的时序对齐

前面介绍了 BEVDet4D 主要是在 BEVDet 基础上融合了时序的信息，本节具体介绍时序对齐的方法。在时序对齐的问题上，BEVDet4D 采用了两种不同的方案，我们将其称为方案一和方案二。

方案一：直接拼接。如图 5-4 所示，在这个方案中，中间一列的长方体表示自身车辆，其后面的灰色长方体表示自身车辆的上一时刻，最左侧的长方体表示静止的其他车辆，最右侧一列的长方体表示移动的其他车辆。将它们的特征直接拼接在一起可能导致静止车辆的车帧分裂以及移动车辆之间更大的距离偏差。这种方法误差较大，无法很好地还原车辆的特征。

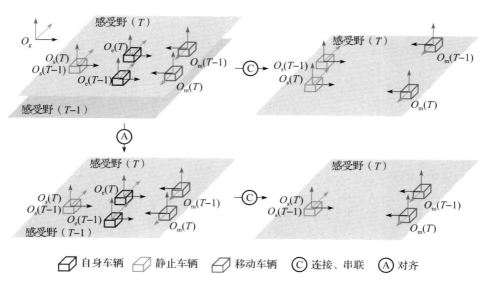

图 5-4　特征对齐操作的效果说明图

方案二：运动补偿。在这个方案中，考虑到车辆之间的运动关系，模型尝试估计运动特征，并将自身车辆的运动补偿到其他车辆上，以达到时序上的对齐。这种运动补偿使静止车辆得到很好的还原，而移动车辆可能仍然存在一些重影。这样的方法能够比较真实地表达车辆之间的运动特征，但可能会导致重影问题。

5.4 本章小结

本章聚焦于显式视角转换的 BEV 感知算法，核心在于运用数学变换将原始图像转换至 BEV 空间中，优化 3D 目标识别。本章首先概述了基于 LSS 策略的转换方法，详细介绍了 BEVDet 与 BEVDet4D 算法。BEVDet 利用 LSS 技术实现视角转换，增强检测精度，而 BEVDet4D 在此基础上加入时间维度，进一步提升动态目标检测的准确性。随后，本章深入 BEVDet 的视角转换机制细节，阐明从图像视角到 BEV 转换的技术路径，此为精准检测的基础。最后，探讨了 BEVDet4D 中的时序对齐，这一环节对于整合多帧数据、确保检测稳定性和精确性至关重要。总体而言，本章深入分析的这些算法，通过精细的视角转换与时序处理，极大推进了 3D 目标检测的性能，也展现出显式视角转换的 BEV 感知算法在自动驾驶和机器人视觉等领域的巨大应用潜力。

第 6 章

隐式视角转换的 BEV 感知算法

本章介绍隐式视角转换的方法。隐式视角转换的 BEV 感知算法，如 DETR3D、BEVFormer 和 PETR，是近年来 3D 目标检测领域的新兴技术。这些算法通过深度学习模型，直接将图像或多传感器数据映射到鸟瞰视角下，无须显式地进行视角转换。其中，DETR3D 借鉴了检测变换器（Detection Transformer，DETR）的思想，利用 Transformer 实现端到端的 3D 目标检测。BEVFormer 则通过引入时空交叉注意力机制，在 BEV 空间内对多传感器数据进行特征融合，提升了检测的精度和鲁棒性。而多视图 3D 目标检测的位置嵌入变换（Position Embedding Transformation for Multi-view 3D Object Detection，PETR）通过位置嵌入变换，将图像特征映射到 3D 空间，实现了高效的多视角 3D 目标检测。这些隐式视角转换的 BEV 感知算法以其独特的视角转换方式和强大的特征提取能力，在 3D 目标检测任务中展现出了卓越的性能。

6.1 传统目标检测方法与 DETR 类方法

在计算机视觉领域，目标检测是一个受到长期关注且具有挑战性的任务。传统的目标检测方法主要分为两大类：基于锚点的方法和基于关键点的方法。尽管这两类方法在目标检测领域取得了显著的成果，但它们都存在一些固有的限制和缺陷。

其中，基于锚点的方法依赖于预设的锚点来预测目标的位置和类别，这可能导致计算复杂度高和正负样本数量不平衡的问题。而基于关键点的方法虽然减少了锚点的使用，但仍然需要通过复杂的后处理步骤来组合关键点以形成有效的目标框。

在这样的背景下，隐式计算目标位置的方法开始受到关注。这类方法避免了显式估计深度等几何计算方法在视角转换和深度估计过程中的使用，提供了一种更为简洁和高效的目标检测方式。

其中，最经典的方法当属 DETR 算法。DETR 不仅完全摒弃了锚点的概念，还通过 Transformer 实现了一种全新的目标检测方式。它利用 Transformer 的自注意力机制来捕捉图像中的全局信息，并通过端到端的训练方式直接输出最终的检测结果，没有复杂的后处理步骤。

这种隐式视角转换的方法不仅简化了模型，还提高了检测的效率和准确性。更重要的是，它避免了烦琐的几何计算方法，使得目标检测过程更为直观和简洁。

6.1.1 传统目标检测方法的局限性

本节详细介绍传统目标检测方法的局限性。

1. 基于锚点的方法及其局限性

传统的基于锚点的目标检测方法，如 Faster R-CNN、单次多框检测器（Single Shot MultiBox Detector，SSD）等，其核心思想是在图像上预设一系列称为"锚点"的候选框，然后对这些候选框进行分类和位置调整，以得到最终的目标检测框。

锚点是预定义的一组矩形框，它们被均匀地放置在图像的各个位置和尺度上，作为目标检测的候选区域。每个锚点都代表了一个可能的物体位置，具有不同的尺寸和宽高比，以适应不同大小和形状的目标。在训练过程中，模型会学习如何调整这些锚点的位置和大小，以更好地匹配实际目标的位置。

基于锚点的方法的局限性主要表现为以下两个方面。

1）计算复杂度增加：由于需要大量的锚点来确保对图像中所有可能的目标位置的良好覆盖，这导致了计算复杂性的增加。每个锚点都需要经过分类和位置调整的过程，这增加了模型的计算负担。

2）正负样本数量不平衡：在预设的众多锚点中，只有极少数能与真实目标框相匹配，成为正样本，而大部分锚点是负样本。正负样本数量的极度不平衡会导致训练困难加大，模型可能难以学习到有效的特征表示。

2. 基于关键点的方法及其局限性

基于关键点的方法试图通过检测目标的关键点（如角点、中心点等）来定位目标。这种方法减少了对锚点的依赖，从而在一定程度上简化了检测过程。

在后处理阶段，基于关键点的方法需要将检测到的关键点组合起来，形成完整的目标框。这通常涉及一系列复杂的步骤，如关键点配对、非极大值抑制（NMS）等。具体来说，如果检测角点，则需要将检测到的左上角点和右下角点进行配对，以确保它们属于同一个目标；如果检测中心点，则需要根据中心点的位置和预测的宽、高来生成目标框。

尽管基于关键点的方法减少了对锚点的依赖，但它们仍然面临复杂的后处理步骤。关键点配对的准确性直接影响最终检测结果的准确性，而且这个过程通常需要额外的计算资源和时间。此外，对于密集或重叠的目标，关键点的准确配对可能变得尤为困难。

无论是基于锚点还是基于关键点的方法，都存在各自的局限性和挑战。DETR 等隐式视角转换方法的出现，为目标检测领域提供了新的解决思路。

6.1.2 DETR 类方法的优点

DETR 类方法的出现可以说是一种革命性的进步。DETR 类方法利用 Transformer 模型，通过一种全新的方式处理目标检测任务，其优点主要体现在以下几个方面。

1）无锚点设计：DETR 完全摒弃了锚点的概念，从而避免了与锚点相关的计算复杂性和冗余。这不仅简化了模型的复杂度，还提高了检测的效率和准确性。

2）端到端训练：DETR 采用了一种端到端的训练方式，这意味着模型可以直接从原始图像输入到最终的检测结果，无须进行复杂的后处理步骤。这不仅简化了训练流程，还使得模型更易于优化和调整。

3）全局信息利用：通过 Transformer 的自注意力机制，DETR 能够捕捉图像中的全局信息，从而在检测过程中更好地理解和利用上下文。这对于复杂场景中的目标检测尤为重要。

4）灵活的输出：与传统的固定数量的预测输出不同，DETR 可以灵活地生成任意数量的预测框，这使得它能够更好地适应不同场景和目标数量的变化。

5）强大的泛化能力：由于 Transformer 模型的强大表示能力，DETR 在处理不同尺度和形状的目标时表现出了出色的泛化能力。这使得它在处理复杂和多变的目标检测任务时具有显著优势。

6.2 主要的隐式视角转换的 BEV 感知算法

隐式视角转换的 BEV 感知算法核心在于不直接通过显式的数学变换公式或几何模型来生成 BEV，而是利用深度学习模型（尤其是基于 Transformer 或其他深度神经网络架构）隐式地学习从图像像素到 BEV 空间的映射关系。这类算法通常包含以下几个关键步骤。

1）特征提取：首先，从多个摄像头捕获的图像中提取高层次的视觉特征。这通常通过深度 CNN 实现，对每个摄像头视图独立进行。

2）视角融合与转换：这一阶段算法会利用某种形式的特征融合机制，将各个视角的特征信息综合到一起，形成一个统一的特征表示。这一过程可以是直接的特征拼接，也可以是通过复杂的注意力机制或转换器架构来实现跨视角的信息交互。视角转换的关键在于如何在特征层面隐式地实现从不同视角到鸟瞰视角的映射，这可能涉及基于学习的体素池化、射线投射或者直接的特征映射等技术。

3）BEV 特征生成：通过上述过程获得的融合特征会被进一步处理，以生成最终的 BEV 特征。这可能包括使用射线投射来估计每个像素在 BEV 空间的对应位置，或者直接预测 BEV 空间的特征图。

4）目标检测与识别：在生成 BEV 特征之后，算法通常会在此特征图上应用检测头或者分割头来识别和定位场景中的物体，比如车辆、行人等。

本节将介绍主要的隐式视角转换的 BEV 算法：BEVFormer、DETR3D 和 PETR。

6.2.1 BEVFormer

BEVFormer 在 2022 年被提出，通过一步到位的方式实现了多相机生成稠密 BEV 特征的提取。与 LSS 方法相似，BEVFormer 同样使用俯视网格图生成特征以支持时序融合和多任务。图 6-1 展示了它是如何通过查询实现聚合时空信息的。首先，BEVFormer 将 BEV 空间划分成常规的网格，其中每个网格对应一个查询。因此，所有网格的集合形成了 BEV 查询。对于每个时刻 t，它通过进行空间注意力（spatial attention）来从多个相机中获取特征。这是一个典型的查询关注（queries attention）的过程。但是在这里，它还使用了一些采样点来获取空间注意力的信息。实际上，这一部分提取的图像信息，是用来更新每个 BEV 查询的信息。此外，在 $t-1$ 时刻的特征中，因为上一时刻生成的 BEV 特征可以直接使用，对于每个网格，都有对应的 $t-1$ 时刻的位置信息。因此，只需将位置映射到当前时刻，进行位置上的平移，就可以直接使用 $t-1$ 时刻的特征。通过这种方式，BEVFormer 在 $t-1$ 时刻的 BEV 上获取特征，并最终得到 t 时刻的 BEV 特征。这是 BEVFormer 提取当前时刻特征的方法。

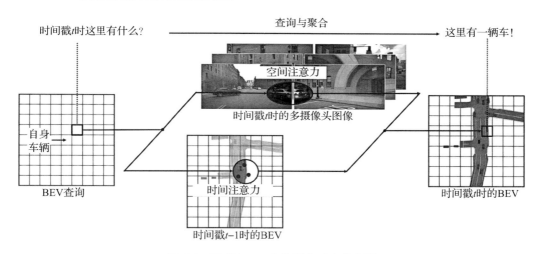

图 6-1 BEVFormer 查询聚合时空信息图

BEVFormer 的整体架构如图 6-2 所示。左边部分与 BEVDet 几乎没有太大差异，是一个多视图的图像提取器。中间是一个典型的解码器结构，没有编码器的过程。输入方面，首先有 t 时刻多视图图像的特征提取，还有历史时刻（$t-1$）的 BEV 特征作为上一帧的缓存，避免重复计算。此外，还有一层 BEV 查询，可能是以某种方式随机初始化的，代表每个 BEV 网格的一个特征。每个查询用 c 维向量表示，还包含位置信息的编码，它使用了可学习的位置嵌入。输出的是当前 t 时刻的 BEV 特征，然后在这个基础上添加了一些检测与分割头。在解码器的核心设计中，自下而上首先进行了时间自注意力（temporal self-attention）机制。该机制主要从历史时刻获取特征信息，再通过时间自注意力进行时序特征的融合。中间的相加和归一化是典型的解码器结构。然后在此基础上进行了空间交叉注意力（spatial cross-attention）机制，与 DETR 有一些相似之处，主要的做法是在空间上进行采样，然后从相应的图像中获取特征，再经过 6 个层的处理。这就是 BEVFormer 的实现细节。

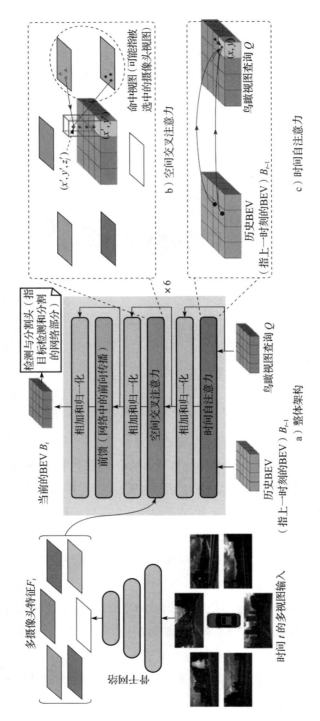

图 6-2 BEVFormer 整体架构图

1. 时间自注意力机制

BEVFormer 中的时间自注意力机制旨在通过可变形注意力（Deformable Attention）融合历史特征。具体实现如式（6-1）所示。

$$\text{TSA}(Q_p, \{Q, B'_{t-1}\}) = \sum_{V \in \{Q, B'_{t-1}\}} \text{DeformAttn}(Q_p, p, V) \quad (6\text{-}1)$$

其中，TSA 表示时间自注意力，Q_p 表示位于 $p=(x,y)$ 的 BEV 查询，p 表示位置，V 表示注意力机制中的 Value，包含了需要根据查询进行加权聚合的信息。

每个网格的查询来自该网格自身，其位置信息由网格本身代表。由于 BEV 特征和历史 BEV 特征都是扁平的，即高、宽通道数维度的特征，不需要在 z 轴上找采样点。每个查询的位置信息即为其自身的位置。在可变形注意力中，采样的来源是当前帧和先前帧特征的拼接。在图 6-2 中，可变形注意力表示采样的来源。为了采样特征，当前帧和先前帧的特征被拼接在一起。在进行位置偏移时，通过查询预测对应的偏移量以及权重信息。采样的偏移量由当前帧的特征和先前帧 $B'(t-1)$ 的特征拼接后，对每个网格预测得到。需要注意的是，$B'(t-1)$ 在这里通过自身运动做了时序对齐，因此时间自注意力就是通过可变形注意力直接将历史特征融合进来。

通过这种方式，BEVFormer 的时间注意力机制实现了对历史时刻特征的融合。

2. 空间交叉注意力机制

在 BEVFormer 中，除了时间自注意力机制进行历史特征的融合，还有空间交叉注意力机制来融合当前观测到的图像信息，相当于进行视角转换。这两者都使用了可变形注意力，但空间注意力机制有一些不同之处。空间注意力机制使用可变形注意力类似于视角转换的过程。如式（6-2）所示，具有 N_{ref} 个参考点，每个参考点对应一个索引 j。每个参考点都使用可变形注意力进行特征采样，并将采样得到的特征放置在对应的 BEV 查询的网格中。具体实现中可能包含 N 个可变形注意力头，每个注意力头对应于一个参考点。还引入了 hit 的概念，表示采样点 v 在图像上是否被命中。这个概念有助于提高特征提取的效率。如果采样点达到了图像上的位置，就认为是 hit。这两种注意力机制通过多层的解码器实现了 t 时刻的 BEV 特征。这些 BEV 特征还会被用于缓存 $t+1$ 时刻的特征，然后再经过检测和分割头进行相关任务的预测。整体上，BEVFormer 利用可变形注意力和多层解码器实现了时序和空间信息的融合，从而提取 BEV 特征。

$$\text{SCA}(Q_p, F_t) = \frac{1}{|v_{\text{hit}}|} \sum_{i \in v_{\text{hit}}} \sum_{j=1}^{N_{\text{ref}}} \text{DeformAttn}(Q_p, \mathcal{p}(p,i,j), F_t^i) \quad (6\text{-}2)$$

其中，SCA( )表示空间交叉注意力，i 表示摄像头视角的索引，j 表示参考点的索引，N_{ref} 表示每个 BEV 查询的总参考点数。F_t^i 表示第 i 个摄像头视角的特征。对于每个 BEV 查询 Q_p，我们使用投影函数 $\mathscr{P}(p,i,j)$ 来获取第 i 个视角图像上的第 j 个参考点。

BEVFormer 的头部设计理论上可以选择使用 PointPillars 的头部、CenterPoint 的头部，或者分割任务的头部。在 2022 年的论文中的 BEVFormer 选择了使用可变形 Transformer 头部进行 3D 预测，同时也包括速度信息，另外，它使用全景分割的头部进行全景分割任务。这种设计使得整个模型的结构相对雅观，并且头部可以根据任务灵活替换。模型的大致结构包括：多视图图像提取器，用于从多个摄像头视角提取图像特征；解码器，包含多层，用于对 BEV 特征进行解码，实现时序和空间信息的融合；时间自注意力机制，用于融合历史时刻的 BEV 特征；空间交叉注意力机制，用于将当前帧的图像信息融合到 BEV 特征中；3D 检测头，用于 3D 目标检测，包括速度信息；全景分割头，用于全景分割任务。

BEVFormer 相比 BEVDet4D-tiny 版本在性能上有一定的提升，其 NDS 和 mAP 都较高。然而，与 BEVDet4D-base 版本相比，仍然存在一些差距。研究人员在实验中发现，即使在 BEV 特征表达空间下进行联合训练，仍然存在漏检的问题，这是在多任务解决阶段需要解决的问题之一。另外，BEVFormer 在使用大量查询的情况下，会使一些模型的性能受到限制，导致帧率较低，与 BEVDet4D-base 的性能相当。此外，由于 BEVFormer 大量使用了可变形 Transformer，这表明它在投影的过程中有一些选择或学习的过程，所以它对外部参数误差的鲁棒性应该强于 LSS。尽管 BEVFormer 存在一些性能上的问题，但在任务设计上相对优雅，并具有较好的扩展性。在工程实现方面，可以通过一些方法来解决性能问题。BEVFormer 是一项在稠密查询表达方面较为有趣的研究工作。

6.2.2 DETR3D

传统的 3D 检测方法通常依赖于复杂的后处理步骤和深度估计模型，这可能会引入额外的误差并降低检测速度。为了解决这些问题，研究者们提出了一种全新的 3D 检测算法——DETR3D。

DETR3D 算法由麻省理工学院、清华交叉研究院、理想汽车和丰田研究所共同提出。它是首个公开的 BEV 视觉检测方法，并且已经开源。该算法主要受到 DETR 的启发，将基于 Transformer 的 2D 检测框架引入了 3D 检测任务中。

DETR3D 具体操作方法有以下几个步骤。

1）特征提取：从多个摄像头视角的图像中提取二维特征。这些特征为后续的 3D 目标检测提供了基础信息。

2）3D 目标查询：与传统的稠密预测方法不同，DETR3D 使用稀疏的三维目标查询来索引二维特征。每个目标查询都代表了一个潜在的目标物体在 3D 空间中的位置。

3）相机转换矩阵：利用相机转换矩阵，将三维位置映射到多视角图像的二维特征上。这使得 DETR3D 算法能够在不同视角的图像之间建立联系，从而更准确地定位目标物体。

4）Transformer 架构：通过 Transformer 架构，多个目标查询之间进行交叉和自注意力机制的处理，从而不断地精炼和优化每个查询的表示。

5）预测检测框：对于每个精炼后的目标查询，算法会预测一个 3D 检测框，包括物体的位置、大小和方向等信息。

6）损失计算与优化：使用 set-to-set 的损失函数来衡量真值和预测值之间的差异。这种损失函数考虑了预测值集合和真值集合之间的整体差异，使得模型在训练过程中能够更好地优化预测结果。

由于采用了 Transformer 架构和 set-to-set 损失函数，DETR3D 避免了传统的后处理步骤（如非最大值抑制），从而提高了检测速度。

6.2.3 PETR

PETR 是一种创新性的方法，旨在解决 DETR 在处理跨域注意力时遇到的参考点学习难题。在原始的 DETR 方法中，图像特征会与位置编码相结合，随后利用图像域的查询来进行二维检测。但扩展到三维检测（如在 DETR3D 中的尝试）时，DETR 方法就会变得复杂且存在学习难度。

DETR3D 方法首先通过查询来预测三维位置，然后将这些位置反推到图像上进行采样，再用这些更新后的位置信息进行三维检测。然而，这种方法不仅学习难度高，还会导致特征提取的不稳定。此外，由于参考点的强信息对特征提取产生了限制，整个流程显得相对复杂且难以实现。

为了克服这些问题，PETR 提出了一种更为直接和有效的方法。该方法的核心思想是将三维位置编码直接叠加到图像特征上，从而避免了对中间参考点的需要。通过这一操作，图像特征便携带了三维位置信息，这使得每个像素的特征都能直接映射到三维空间中的一个具体位置。

利用查询进行解码时，网络能够直接学习三维位置的信息，这有效地解决了跨域注意力的学习难题。PETR 不仅简化了模型的结构，还提高了特征提取的稳定性，使得整个工程实现更为简便。通过将三维位置信息与图像特征直接结合，PETR 成功地攻克了跨域注意力的学习障碍。

如图 6-3 所示，从 PETR 的结构图来看，其上半部分通过多个摄像头捕捉的多视角图像数据输入骨干网络中，最终输出一个具有多维特征的二维特征图。而下半部分，被称为"3D 坐标生成器"，负责在视锥空间中获取三维特征。在这个空间中，存在 N 个点，每个点都配备了相应的位置信息。目标是将这些信息编码并融入图像特征中。

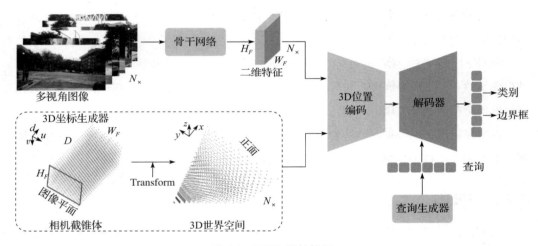

图 6-3　PETR 的结构图

具体来说，投影射线上的每个像素都会存在多个点。这些点的位置编码需要经过计算，并与图像特征进行融合。而实现这一目标的关键就在于"3D 位置编码器"（3D Position Encoder），将在后续章节中对其进行详细讨论。一旦获得了融合了三维位置编码的图像特征，PETR 便可以利用查询直接进行解码，从而进行三维检测。这种方法不仅高效，而且在实际应用中展现出了优异的性能。

1. 3D 坐标生成器

在 PETR 的主体结构中，首先是它的图像编码器，因为这是一个比较典型的结构，具体细节此处不展开说明。

通过 3D 坐标生成器，网络可以在 3D 空间中获取相应的位置编码。PETR 的 3D 坐标生成器与 LSS 的方法相似。通过像素和深度信息来还原 3D 点的位置。具体来说，就是在视锥上采样对应的点，每个像素采样 D 个点，其中 D 对应深度信息。将这个采样到的点的坐标信息进行归一化处理。之后，每个像素就会有 D 个点，每个点用 4 维向量表示。这样，每个像素的位置编码就会被嵌入这些点的信息中。这里的巧妙之处在于，并不需要将每个像素的具体深度信息直接提取出来，而是将可能的深度信息整合进去。这就构成了 PETR 的 3D 坐标生成器，整个过程使得网络能够有效地融合 3D 信息，为后续的 3D 检测提供基础。

2. 3D 位置编码器

在处理完 3D 坐标之后，接下来的步骤是将图像特征和 3D 位置编码融合在一起。图像特征是一个 $H×W×C$ 的张量，用来表示 N 个摄像头的特征。同时，有一个 $D×4$ 的位置编码张量。通过使用 MLP 结构，通过全连接层→（FC）激活函数（ReLU）→全连接层（FC）的形式，将它们都转换成图像通道数维度的 $H×W$ 张量，形成 3D 位置特征。这个操作对应着 N 个相机，每个相机都有一 $H×W$ 的特征。在这之后进行"扁平化"操作，将多维的特征展平。之后直接进入解码器，用于 3D 检测的输入。在将 3D 坐标和图像特征融合的过程中，使用比较简单的 MLP 结构，实现将 3D 位置嵌入 2D 特征中。这个处理方式相当巧妙，它通过 MLP 的转换，成功地将 3D 位置编码整合到了 2D 特征中，为后续的 3D 检测提供了有利的基础。整个过程实现了 3D 信息的有效融合，使得网络能够更好地理解图像和 3D 空间的关系。3D 位置编码器如图 6-4 所示。

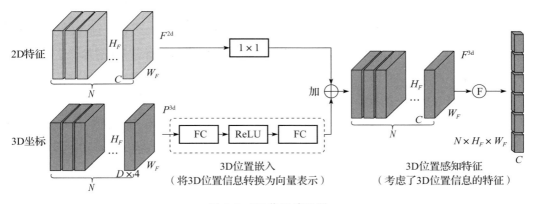

图 6-4　3D 位置编码器

3. 图像解码器

在解码器的设计中，PETR 采用了一种不同于生成采样点的方法，它通过随机生成一些查询，并让这些查询去预测一个参考点，以此来进行 3D 检测。具体而言，就是 PETR 在这一步选择了 3D 空间的一些锚点，即一些采样点，然后通过两层 MLP 去生成目标查询。通过这样的方式，让查询有了 3D 的信息，从而使整个特征信息都能对齐到 3D 空间中。这种方法的优势在于，通过随机生成查询并利用 3D 锚点生成目标查询，使得解码器在进行 3D 检测时能够更好地对齐 3D 空间中的关键点，加深了模型对 3D 信息的理解和利用效果。整个过程通过引入 3D 锚点，使得查询能够拥有更全面的信息，为网络的 3D 检测任务提供了更好的特征表示。

通过使用典型的解码器结构，PETR 实现了类似 DETR 的端到端的检测任务。在检测过程中，它执行简单的画框操作。通过这种方式，PETR 成功地实现了查询、位置编码和 2D 图像特征的对齐。值得注意的是，这一对齐操作似乎并不需要太多算力开销，却能够形成一个非常有意思的特征空间或者说位置编码的统一效果。

6.3 DETR3D 计算过程

本节详细介绍 DETR3D 的计算过程。

6.3.1 图像特征提取

DETR3D 采用了一种不同的方法，从 3D 的目标查询出发，首先生成 3D 物体的目标查询，然后将这些目标查询投影到 2D 图像上，以获取相应的特征。这一过程被称为 top-down 特征方法，即根据物体的需求选择获取的特征，而不是将所有 2D 图像像素特征都投影到像素平面上。top-down 特征方法与从 2D 到 3D 的方法的主要区别在于它不需要深度估计模型。在从 2D 到 3D 的方法中，需要对深度进行估计，无论是通过深度概率分布还是深度图估计，都需要额外的模块进行处理。而在 DETR3D 中，由于是从 3D 目标查询出发，直接在 3D 空间中进行物体的特征选择，因此避免了引入深度估计模型，减少了一些误差的来源。DETR3D 方法执行流程如图 6-5 所示。

DETR3D 采用了一个纯视觉框架，其输入是多视角图像，输出是 3D 检测结果。为了处理图像特征，它使用了传统的图像处理框架，即 ResNet 和特征金字塔网络（Feature

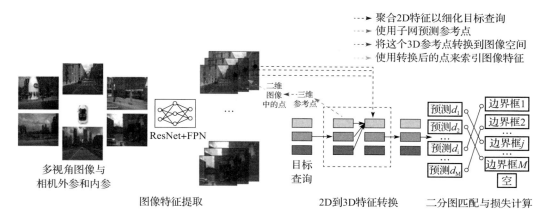

图 6-5 DETR3D 方法执行流程

Pyramid Network，FPN）。这两个网络主要用于图像特征的编码，以及通过跳跃连接结构减轻梯度消失的影响。ResNet 是一个深度残差网络，通过卷积和池化操作对输入的图像进行编码，以提取图像特征。FPN 通过在不同层次上产生具有不同尺寸的特征图，提供多尺度的特征信息。这样的 FPN 有助于综合底层的细节信息和顶层的共性信息，提供更为丰富的特征。为了更好地融合不同尺寸的特征图，FPN 先进行上采样，将特征图缩放到统一尺寸，然后再相加。这种处理保留了更多的细节信息，有利于后续的检测任务。总体而言，DETR3D 的图像处理模块采用通用处理网络，ResNet 和 FPN 的选择并没有太多特殊之处。

6.3.2 特征查询模块

有了图像特征之后，接下来就是如何利用这些特征。在 DETR3D 方法中，首先要定义目标查询，这些查询是预先设置的，每个查询是一个 256 维的嵌入向量。目标查询即使用这些查询来查找目标物体。这里的目标查询类似于先前提到的锚框，在 2D 检测中，锚框的作用是遍历整个图像，检查每个位置是否有物体，并根据先验信息判断物体的类别和位置。类似地，目标查询提供了一种通过预设查询来查找物体的方式。不同之处在于锚框是带有先验信息的，而目标查询是通过随机初始化得到的。在 DETR3D 方法中，这些目标查询基于 Transformer 进行预测和更新。首先，通过 Transformer 将这些查询投影到多视角的 2D 图像上，得到一系列的参考点。这些参考点是 3D 边界框的中心坐标。接下来，使用这些参考点在图像中采样 2D 特征，并将这些特征与输入的目标查询相结合，得到新的目标查询。多次迭代这个过程，不断更新和预测目标查询。整个过程中，目标查询的作用类似于先验信息，通过不断地更新和迭代，网络可以更准确地找到图像中的目标物体。

6.3.3　二分图匹配

在 DETR3D 方法中，损失函数的计算与 DETR2D 有一些相似之处，主要是将 2D 的二分图匹配损失扩展到了 3D。首先，每个目标查询对应一个预测结果，例如初始化 900 个查询，就有 900 个预测结果。接下来，就是计算这 900 个预测结果与真实标签的损失。二分图匹配是集合与集合之间的对应关系。在这里，有一个预测集合和一个真值集合。通常情况下，真值的目标数量要远远小于预测的数量，也就是真实标签的个数远远小于 900 个。由于集合的数量不同，我们需要进行比较。首先，将真值集合进行补全，使其数量与预测集合相等。在这个过程中，不能随意补真实标签，所以使用空集进行补全，即将多余的预测结果视为与无关背景来对应。这样一来，我们就得到了两个等量的集合，预测集合有 900 个，真值集合也有 900 个。接下来，使用匈牙利算法对两个集合进行一一对应的匹配，以使匹配的损失最小。值得注意的是，一一对应说明了一个目标只能与一个结果相对应。这就是二分图匹配，它的好处在于，建立了两个集合内的一一对应关系，通过这种方式，不会出现一个目标与多个预测结果对应的情况。在传统的检测器中，通常为了确保一个目标只对应一个结果，会采用非极大值抑制（NMS）算法，通过抑制非最大值的元素，保留可信度最高的边界框。然而，二分图匹配并不需要额外的后处理方法去处理一个目标与多个预测结果之间的对应关系。

6.3.4　DETR 和 DETR3D 的异同

DETR 和 DETR3D 这两种方法的基本流程是相似的。在 DETR 中，以单张图片作为输入，通过图像编码器模块中基于 Transformer 的图像编码器得到图像特征。然后，通过解码器模块，凭借图像特征和目标查询，得到 2D 检测结果。在 DETR3D 中，同样以图像作为输入，但图像是多视角图像。多视角图像通过 ResNet 和 FPN 得到图像特征。在后续的解码器模块，同样凭借图像特征和目标查询，但最终得到的是 3D 检测结果。因此，DETR 和 DETR3D 的结构非常相似，都是通过图像编码器、解码器和一系列初始化的目标查询来得到检测结果。主要的区别在于编码器的结构。DETR 使用了 Transformer 结构，而

DETR3D 使用了传统的编码器结构。此外，DETR3D 还需要适配 3D 任务，例如为目标查询补充 3D 特征。这就涉及需关注 2D 和 3D 之间的特征点匹配关系，这是 DETR3D 需要额外考虑的问题。至于解码和预测的核心思想，两者也是相同的。

6.4 隐式转换 DETR、DETR3D 和 PETR 的主要差别

DETR、DETR3D 和 PETR 虽然都是隐式转换，但是计算过程还是有比较大的差别的。三者的主要计算过程如图 6-6 所示。

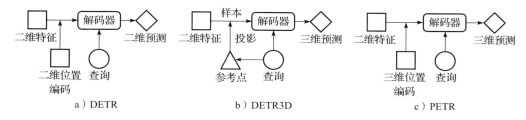

图 6-6 DETR、DETR3D 和 PETR 的比较图

根据图中的计算过程，我们可以清晰地观察到三者之间的差别，这些差别主要体现在不同的将二维图像特征整合到解码器中的方法上。

（1）DETR

DETR 是一种基于 Transformer 的二维目标检测方法。在 DETR 中，目标查询与 2D 特征进行交互以执行 2D 检测。具体来说，DETR 首先通过 CNN 提取图像的 2D 特征。然后，这些 2D 特征被送入基于 Transformer 的图像编码器中进行进一步处理。在解码阶段，一系列可学习的目标查询与这些 2D 特征、二维位置编码进行交互，最终输出 2D 边界框和类别预测。DETR 的一个关键优势是它能够直接输出目标的位置和类别，无须额外的后处理步骤，如非极大值抑制。

（2）DETR3D

为了解决 3D 目标检测的问题，提出了 DETR3D 方法。在 DETR3D 中，算法首先根据目标查询预测 N 个 3D 参考点。然后将这些参考点投影到图像平面上，从而可以从 2D 图像特征中采样对应的信息。这个过程是反复的，以确保目标查询能够与相关的 2D 特征进行有效交互。然而，DETR 方法的一个潜在问题是，如果参考点的预测不够准确，那么投影回图像的位置可能位于目标区域之外，从而导致采样到无效的图像特征。

（3）PETR

为了解决 DETR3D 中存在的问题，PETR 创新地将 3D 位置嵌入 2D 图像特征中，从而生成了 3D 位置感知特征。这意味着每个特征点不仅包含图像的视觉信息，还包含其在 3D 空间中的位置信息。通过这种方式，目标查询可以直接与这些 3D 位置感知特征进行交互，并输出精确的 3D 检测结果。这种方法不仅提高了检测的准确性，还使得模型能够更好地理解目标在 3D 空间中的位置。

从 DETR 到 DETR3D 再到 PETR，目标检测方法在不断进步和完善。PETR 通过引入 3D 位置嵌入，使得模型能够在复杂的 3D 环境中更准确地检测目标。此外，与 DETR 和 DETR3D 相比，PETR 还具有更好的灵活性和可扩展性。由于它直接在特征级别融合了 3D 位置信息，因此可以更容易地适应不同的场景和任务需求。同时，PETR 也采用了与 DETR 相似的 Transformer 架构，这使得它能够充分利用 Transformer 架构的强大表示能力来学习复杂的特征和关系。这种架构的优势在于它的并行处理能力以及对全局信息的捕捉能力，有助于提高目标检测的准确性和效率。

6.5　本章小结

本章聚焦于隐式视角转换的 BEV 感知算法在目标检测领域的进展，特别介绍了 DETR 类方法的优势：利用 Transformer 架构改进了信息处理与特征交互，增强了检测效果。核心内容围绕 BEVFormer、DETR3D 和 PETR 等算法展开，这些方法巧妙地实现了从原始图像到鸟瞰视角的转换，推动了三维目标检测性能的跃升。BEVFormer 利用时空注意力融合多帧数据；DETR3D 通过 3D 查询及位置编码直接在三维空间执行检测，规避了直接的视角变换；PETR 则结合多种编码解码器高效实施 3D 检测。本章还从特征提取到匹配策略深入剖析了 DETR3D 的工作原理，并对比了 DETR3D 与 DETR 的异同，并最终概括了隐式转换的 DETR 类方法间的主要差别。

第 7 章

BEVFusion 实践

从本章起,我们将正式迈入实践环节,从 BEVFusion 算法的原理、实现及操作这三个核心维度深入探索 BEVFusion 的奥秘。该算法的核心使命是高效完成目标检测任务。鉴于目标检测在自动驾驶感知系统中的核心地位,我们特此选择 BEVFusion 的部分代码作为实践案例,以此详尽剖析感知任务的实现过程。由于 BEVFusion 有两个版本,本章所讨论的 BEVFusion 特指由北京大学与阿里巴巴集团共同提出的版本。

7.1 原理详解

本节将深入探讨 BEVFusion 的原理。BEVFusion 是一种多传感器融合技术框架,其关键创新点就在于其独特的融合机制,Fusion 即融合,意味着将不同来源或不同模态的信息结合在一起。因此,我们首先关注的是在 BEVFusion 中图像和点云特征具体是如何融合的。点云特征通常来自激光雷达等传感器,它提供三维空间中的结构信息;而图像特征则来源于相机,它提供丰富的纹理和颜色信息。在 BEVFusion 相关论文中,作者详细探讨了三种不同的融合策略,对比图如图 7-1 所示。

图 7-1 中点级别融合和特征级别融合方法存在从点云到图像的映射问题,也可能产生由于外参矩阵的偏差或图像特征的质量问题而导致的检测精度下降问题。BEVFusion

旨在降低点云和图像特征之间的主次依赖关系。它通过并行的网络支路对点云和图像特征分别进行处理，然后通过 BEV 空间中的融合模块将点云和图像特征进行融合。BEVFusion 还在每个模态支路下额外接了一个检测头（神经网络模块），旨在提高三维目标检测的精度和鲁棒性，在面对极端情况时，这一点尤为重要。

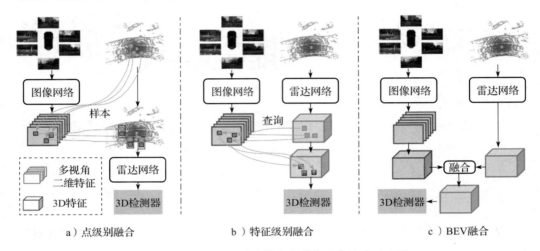

图 7-1　BEVFusion 融合策略和其他融合策略对比图

接下来我们将深入探讨 BEVFusion 算法的主体网络架构。

7.1.1　网络架构

BEVFusion 的网络架构存在如图 7-2 所示的两条支路和一个模块，分别为图像支路、点云支路以及融合模块。

其中，图像支路是专门用来处理图像数据的，它通过图像编码器，提取出图像特征，然后通过一个 2D 到 3D 的转换器，将图像特征从 2D 映射到 3D，再从 3D 投影到 BEV 空间，从而得到在 BEV 空间中的图像特征表示，我们称该表示为相机 BEV 特征。

点云支路用来实现对点云数据的处理。3D 骨干网络可以提取出点云的 BEV 特征。这里的 3D 骨干网络可以是基于点的，也可以是基于体素的，或者是其他任何有效的方法。

在得到了图像的 BEV 特征和点云的 BEV 特征之后，我们就需要进行融合了。为此，BEVFusion 引入了一个额外的融合模块。这个融合模块的输入有两个：一个是相机 BEV 特征；另一个是点云 BEV 特征。通过这个融合模块，我们可以得到点云和图像的混合特征，并利用这个混合特征去做最终的预测。

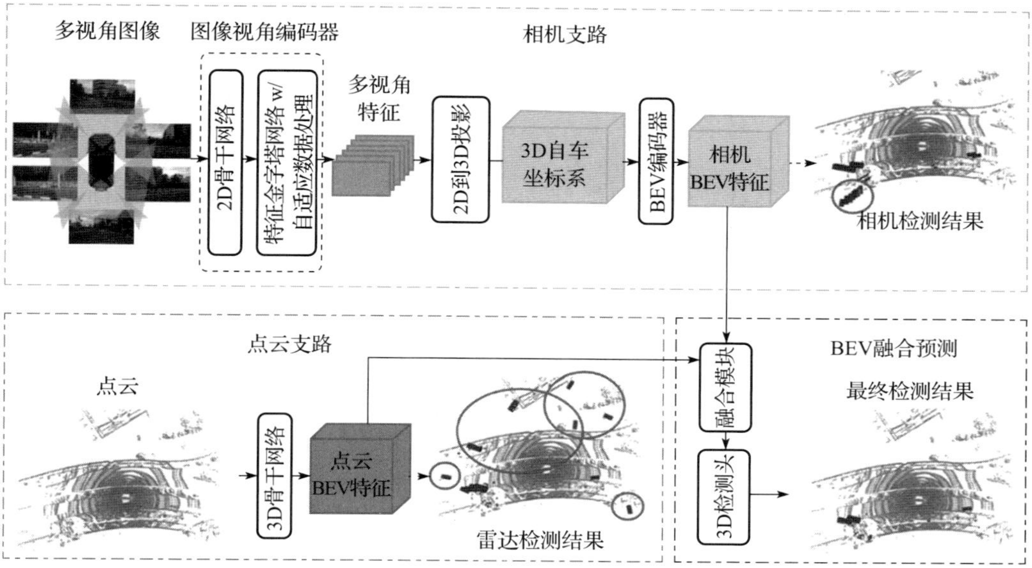

图 7-2　BEVFusion 网络架构图

此外，为了实现单一模态也可以被预测的能力，论文作者还额外添加了两个检测头。一个是利用相机 BEV 特征进行检测的图像检测头，另一个是利用点云 BEV 特征进行检测的点云检测头。

接下来，我们详细介绍这两条支路和一个模块。

7.1.2　图像支路

图像支路的整体流程如图 7-3 所示。

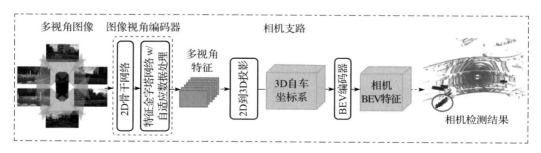

图 7-3　图像支路整体流程图

图像支路涉及的模块具体如下。

（1）BEV 编码器

BEV 编码器由骨干网络和多尺度融合模块组成，两个模块的分工如下。

1）骨干网络：可以是如 ResNet 等常见的深度学习模型，用于提取图像的基础特征。

2）多尺度融合：通过特征金字塔（Feature Pyramid）将不同尺度的特征进行有效融合。特征金字塔的结构"底部大、顶部小"，表示特征的尺度逐渐减小。

（2）自适应池化（Adaptive Pooling，ADP）

由于多尺度特征尺寸不一致，无法直接进行合并，因此使用 ADP 模块进一步处理特征，它通过上采样操作可使特征尺度一致化。ADP 模块还负责执行采样、平均池化和卷积等操作。

（3）多尺度特征融合

经过 ADP 模块处理后，不同尺度的特征经过多尺度特征融合模块被融合成一个统一的特征表示。

（4）2D 到 3D 投影

融合后的图像特征需要通过 2D 到 3D 的映射，以得到 3D 空间中的特征表示。该过程为：首先对每个像素位置进行深度分布的预测，从而生成一系列的离散深度概率；然后将这些深度概率作为权重，与像素的图像特征相乘；最后按照深度分布将图像特征从 2D 空间投影到 3D 空间。

（5）3D 体素特征

通过 2D 到 3D 投影，我们得到 3D 体素特征，这是一个人为定义的 3D 网格中的特征表示。

需要说明的是，3D 网格不是按照图像的位置划分的，而是按照深度划分的。

（6）BEV 特征生成

有了 3D 体素特征后，我们可以通过拍扁、卷积或池化等操作将其投影到 BEV 空间。最终得到的是相机 BEV 特征，即相机鸟瞰视角的特征表示。

7.1.3 点云支路

点云支路的流程如图 7-4 所示。

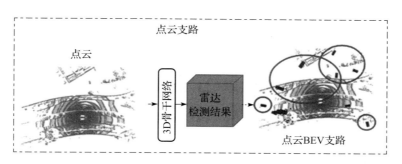

图 7-4　点云支路流程图

点云支路的主要任务是处理输入的点云数据，从而提取点云特征，并输出在 BEV 空间中。与图像支路相比，点云支路的处理相对直接，因为点云数据本身就是 3D 的。点云支路包含以下处理步骤。

（1）点云特征提取

点云特征的提取是通过 3D 骨干网络实现的。3D 骨干网络也可以采用多种不同的方法，包括基于点的方式、基于体素的方式等，这里不再赘述。

BEVFusion 相关论文的作者提供了多种可选的 3D 骨干网络方案，包括 PointPillar（详见 3.2.1 节）以及中心点（详见图 5-3）等。

（2）BEV 特征生成

通过 3D 骨干网络提取出点云的 3D 特征后，我们需要将其投影到 BEV 空间中，以得到点云 BEV 特征。这个过程可以通过卷积、池化等操作来实现。

简而言之，点云支路主要通过 3D 骨干网络提取点云的 3D 特征，并将其投影到 BEV 空间中，以得到用于后续融合的点云 BEV 特征。BEVFusion 论文的作者提供了多种可选的 3D 骨干网络方案，可以根据具体的应用场景和需求进行选择。

7.1.4　融合模块

融合模块是 BEVFusion 中的核心部分，它通过级联、卷积和自适应特征选择等方式将图像特征和点云特征进行有效融合，并生成融合后的特征，用于后续的预测任务。这种自适应的融合方式使得网络能够根据不同场景的需求，灵活地调整对图像和点云的关注程度，这提高了模型的泛化能力和性能。

BEVFusion 融合模块的结构如图 7-5 所示。

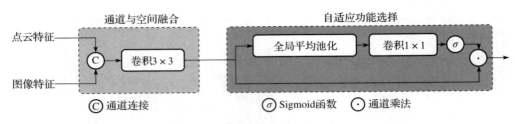

图 7-5　BEVFusion 融合模块结构图

融合模块的输入为图像特征和点云特征,输出为融合后的特征。接下来从其融合方式、机制、应用等方面进行介绍。

(1) 融合方式

融合模块采用级联和卷积两种操作方式进行图像特征和点云特征的融合。其中,级联操作将两个特征向量拼接在一起,形成一个更长的特征向量。随后,卷积操作对拼接后的特征进一步处理和融合。

(2) 自适应特征选择

自适应特征选择(Adaptive Feature Selection)是融合过程中的一个重要机制。它实际上是一种注意力机制,用于对融合后的特征进行加权。

自适应特征选择主要关注通道层面的加权。它会对每个通道的特征进行重要性评估,并赋予相应的权重。这样,网络可以自适应地关注更重要的通道,而忽略不重要的通道。

通过自适应特征选择,融合模块可以灵活地处理不同场景下的特征融合问题。对于一些场景,可能点云特征更重要,而对于另一些场景,可能图像特征更关键。自适应特征选择机制使得网络能够根据具体场景自适应地调整对图像特征和点云特征的关注程度。

(3) 融合特征的应用

经过融合模块处理后,我们可以得到融合后的特征。这些特征融合了图像和点云中的有用信息,可以用于后续的预测任务,如目标检测、分割等。

7.2　代码详解

本节将结合论文中的具体代码,深入讲解 BEVFusion 的处理过程。

7.2.1　nuScenes 数据集处理

首先探讨数据集的处理方式。数据集处理的目标是将采集的原始数据集转换为能够被模型直接使用的数据形式。由于每种数据集都有其独特的格式和目录结构，因此需要针对特定的数据集进行定制化的处理。

我们将以 nuScenes 数据集为例，深入讲解如何通过一系列的代码，实现原始数据到算法可以便捷使用的数据形式的转化。这一过程涵盖了数据的读取、解析、转换以及存储等多个环节。

（1）数据集准备

nuScenes 数据集准备的代码位于 BEVFusion-main\tools\create_data.py 文件中，具体细节详见代码清单 7-1。在进行数据集准备时，需要指定几个关键参数：root_path 参数，用于确定数据的存储路径；info_prefix 参数，用于指定所使用的数据集（例如 nuScenes）；version 参数，用于明确数据集的版本（如 mini 版本或用于训练验证的版本）。为了生成完整的准备文件，还需要包含 3D 和 2D 的标注信息。

代码清单 7-1　nuScenes 数据集准备

```
nuscenes_data_prep(
        root_path=args.root_path, # ./data/nuscenes
        info_prefix=args.extra_tag, # nuscenes
        version=train_version, # v1.0-trainval
        dataset_name='NuScenesDataset',
        out_dir=args.out_dir, # ./data/nuscenes
        max_sweeps=args.max_sweeps) # 10
```

（2）数据集选择以及有效性判断

为了生成 3D 标注数据，需要关注 tools\data_converter\nuscenes_converter.py 文件。该文件中的函数在起始阶段就明确了所处理数据集的版本。具体而言，函数会判断当前需要处理的是训练数据集、验证数据集，还是规模较小的 mini 数据集。这种设计确保了函数能够针对不同的数据集版本执行恰当的处理和转换操作，从而生成符合要求的 3D 标注数据。数据集版本选择的相关逻辑详见代码清单 7-2。

代码清单 7-2　nuScenes 数据集的版本选择

```
from nuscenes.nuscenes import NuScenes
    nusc = NuScenes(version=version, dataroot=root_path, verbose=True)
    from nuscenes.utils import splits
    available_vers = ['v1.0-trainval', 'v1.0-test', 'v1.0-mini']
    assert version in available_vers
```

```python
if version == 'v1.0-trainval':
    train_scenes = splits.train        # 获取 train 对应的场景 700 段
    val_scenes = splits.val            # 获取 val 对应的场景 150 段
elif version == 'v1.0-test':
    train_scenes = splits.test         # 获取 test 对应的场景 150 段
    val_scenes = []
elif version == 'v1.0-mini':
    train_scenes = splits.mini_train
    val_scenes = splits.mini_val
else:
    raise ValueError('unknown')
```

在选择并获取到数据集后,接下来为提取有效的场景,详见代码清单 7-3。首先,系统会判断场景的有效性,筛选出那些符合条件的场景,这一步骤通过调用 get_available_scenes() 函数来实现,该函数能够遍历并提取全部的有效场景。随后,系统将这些有效场景的名称整理成一个列表,这样用户就可以根据场景名称来方便地检索和获取相关数据。

代码清单 7-3 提取有效的场景

```python
# filter existing scenes.
    available_scenes = get_available_scenes(nusc) # 获取有效场景 list
    # 将有效关键帧的名字组成 list --> ['scene-0001', 'scene-0002',..., 'scene-1110']
    available_scene_names = [s['name'] for s in available_scenes]
```

get_available_scenes() 函数的内部实现逻辑详见代码清单 7-4。该函数的输入参数为代表了 nuScenes 数据集一个接口的 nusc 类实例。

代码清单 7-4 get_available_scenes 函数的内部实现逻辑

```python
def get_available_scenes(nusc):
    available_scenes =[]
    print('total scene num:{}'.format(len(nusc.scene)))
    for scene in nusc.scene:
        scene_token =scene['token']
        scene_rec =nusc.get('scene',scene_token)
        sample_rec =nusc.get('sample',scene_rec['first_sample_token'])
        sd_rec =nusc.get('sample_data',sample_rec['data']['LIDAR_TOP'])
        has_more_frames =Truescene_not_exist =False
        while has_more_frames:
            lidar_path,boxes,_=nusc.get_sample_data(sd_rec['token'])
            lidar_path = str(lidar_path)
```

```
            if os.getewd()in lidar_path:
                lidar_path =lidar_path.split(f'{os.getcwd()}/')[-1]
            if not mmcv.is_filepath(lidar_path):
                scene_not_exist =True
                break
            else:
                break
        if scene_not_exist:
            continue
        available_scenes.append(scene)
    print('exist scene num:{}'.format(len(available_scenes)))
    return available_scenes
```

get_available_scenes()函数首先打印出获取到的场景总数,然后遍历每一个场景。在遍历过程中,它获取了每个场景唯一的识别码(token)。接着,利用这个唯一的识别码从相关的JSON文件中检索对应场景的数据,并将其存储在scene_rec变量中。

一个场景可能包含多个样本(sample)数据,get_available_scenes()函数首先通过nusc.get()函数获取第一个场景下的样本数据。随后,尝试根据点云数据的token获取点云支路和边界框(box)信息。如果成功获取点云支路,说明当前场景包含有效的点云数据,则判定当前场景为有效场景,并进一步提取该样本中的点云数据,将其存储在sd_rec变量中;若无法获取点云支路,则判定该场景为无效场景。

最后,函数将所有被识别为有效的场景添加到available_scenes列表中,并返回这个列表。这样,用户就可以根据场景名称方便地检索和获取包含有效点云数据的相关场景了。

(3)场景数据获取

在获取有效场景之后,组成了场景的列表,接下来我们应在场景列表的基础上执行场景数据的分类和过滤,如代码清单7-5所示。

代码清单7-5　场景数据分类和过滤

```
# 将train_scenes中的有效场景组成train_scenes_names
# map方法返回的新数组是原数组的映射,和原数组的长度相同
# filter方法返回的值是过滤原数组后的新数组,和原数组长度不同
train_scenes = list(
    filter(lambda x: x in available_scene_names, train_scenes))
val_scenes = list(filter(lambda x: x in available_scene_names, val_scenes))
train_scenes = set([
```

```
        available_scenes[available_scene_names.index(s)]['token']
        for s in train_scenes
])
val_scenes = set([
        available_scenes[available_scene_names.index(s)]['token']
        for s in val_scenes
])
```

获取场景数据的代码详见代码清单7-6，该代码采用_fill_trainval_infos()函数来获取场景数据。_fill_trainval_infos()函数是数据处理流程中的关键一环，它接收5个核心参数。

第1个参数是名为nusc的类实例，它提供了访问nuScenes数据集所需的方法和属性。

第2个参数是针对训练集的有效场景列表，这些场景包含了用于模型训练的标注数据。

第3个参数是针对验证集的有效场景列表，这些场景用于在训练过程中验证模型的性能。

第4个参数是test，它可能是一个布尔值，用于切换运行状态，test值为真时为测试模式，否则为训练模式。

第5个参数是max_unlabeled_frames，它定义了允许的最大未标注帧数，在处理场景中的连续帧数据时，用于控制未标注帧的数量。

通过处理这些参数，_fill_trainval_infos()函数能够提取并整理出训练集和验证集所需的场景数据，为后续的数据分析和模型训练提供基础。

代码清单7-6　获取场景数据

```
test = 'test' in version
if test:
    print('test scene:{}'.format(len(train_scenes)))
else:
    print('train scene:{}, val scene:{}'.format(
        len(train_scenes), len(val_scenes)))
train_nusc_infos, val_nusc_infos = _fill_trainval_infos(
    nusc, train_scenes, val_scenes, test, max_sweeps=max_sweeps)
```

_fill_trainval_infos()函数通过传入的 nusc 类实例逐个遍历每个样本（sample）在遍历过程中，函数首先获取雷达识别码（lidar_token），它是每个点云数据关键信息的唯一标识。

随后，根据雷达识别码，函数获取对应的点云数据（sd_rec）。其中包含了激光雷达扫描到的环境信息，点云数据是后续处理和分析的基础。

接着，_fill_trainval_infos()函数根据点云数据进一步获取旋转矩阵的识别码（calibrated_sensor_token），并通过该识别码得到传感器到自车的旋转矩阵信息（cs_record）。旋转矩阵描述了传感器相对于自车的方向和位置，是后续坐标转换的关键。

同时，函数还获取了自车到全局坐标系的姿态信息（pose_record）。姿态信息描述了自车在全局坐标系下的位置和朝向，是后续进行坐标转换和定位的基础。

此外，_fill_trainval_infos()函数还通过上述的雷达识别码获取了点云数据的路径（lidar_path）以及点云坐标系下的边界框（boxes）。这些边界框代表了环境中物体的位置和大小，是后续进行物体检测和跟踪的关键信息。

最后，_fill_trainval_infos()函数再次确认获取的雷达路径是否存在。如果存在，说明该样本包含有效的点云数据，可以用于后续的处理和分析。这一步骤确保了只有包含有效点云数据的样本才会被进一步处理和使用。

以上过程的实现详见代码清单 7-7。

代码清单 7-7　_fill_trainval_infos()函数具体实现过程示例

```
def _fill_trainval_infos(nusc,
                        train_scenes,
                        val_scenes,
                        test=False,
                        max_sweeps=10):
    for sample in mmcv.track_iter_progress(nusc.sample):
        lidar_token =sample['data']['LIDAR_TOP']
        sd_rec =nusc.get('sample_data',sample['data']['LIDAR_TOP'])
        cs_record =nusc.get('calibrated_sensor',
                            sd_rec['calibrated_sensor_token'])
        pose_record =nusc.get('ego_pose',sd_rec['ego_pose_token'])
        lidar_path,boxes,_=nusc.get_sample_data(lidar_token)
        mmcv.check_file_exist(lidar_path)
```

(4) 样本数据结构示例

样本数据用于全面描述一个样本的各种属性和关联信息,其结构如代码清单 7-8 所示,它包含了多个关键字段,具体如下。

1) 唯一识别码(token):每个样本的唯一标识符,用于在数据集中定位样本。

2) 时间戳(timestamp):记录了样本数据被采集的时间点,这对于分析时间序列数据或进行时间同步处理非常重要。

3) 前一帧识别码(prev):指向数据集中当前样本的前一帧样本的识别码,用于建立样本之间的时间顺序关系。

4) 后一帧识别码(next):指向数据集中当前样本的后一帧样本的识别码,同样用于建立样本之间的时间顺序关系。

5) 当前场景识别码(scene_token):标识了当前样本所属的场景,使得样本可以与特定的场景信息相关联。

6) 摄像头与激光雷达的识别码数组(data):包含了与当前样本相关联的摄像头和激光雷达所采集到的数据的识别码,这些识别码可以用于检索对应的传感器数据。

7) 标注识别码(anns):指向与当前样本相关联的标注信息的识别码,这些标注信息可能包括物体的位置、类别、属性等,对于训练和监督学习模型至关重要。

这些字段提供了丰富的上下文和关联信息,使得用户能够方便地检索和处理与每个样本相关的各种数据。

代码清单 7-8 样本数据结构示例

```
sample:
{
    'token':'e93e98b63d3b40209056d129dc53ceee',
    'timestamp':1531883530449377,
    'prev':'',
    'next':'14d5adfe50bb4445bc3aa5fe607691a8',
    'scene_token':'73030fb67d3c46cfb5e590168088ae39',
    'data':{
        'RADAR_FRONT':'bddd80ae33ec4e32b27fdb3c1160a30e',
        'RADAR_FRONT_LEFT':'1a08aec0958e42ebb37d26612a2cfc57',
        'RADAR_FRONT_RIGHT':'282fa8d7a3f34b68b56fb1e22e697668',
        'RADAR_BACK_LEFT':'05fc4678025246f3adf8e9b8a0a0b13b',
```

```
            'RADAR_BACK_RIGHT':'31b8099fb1c44c6381c3c71b335750bb',
            'LIDAR_TOP':'3388933b59444c5db71fade0bbfef470',
            'CAM_FRONT':'020d7b4f858147558106c504f7f31bef',
            'CAM_FRONT_RIGHT':'16d39ff22a8545b0a4ee3236a0fe1c20',
            'CAM_BACK_RIGHT':'ec7096278e484c9ebe6894a2ad5682e9',
            'CAM_BACK':'aab35aeccbda42de82b2ff5c278a0d48',
            'CAM_BACK_LEFT':'86e6806d626b4711a6d0f5015b090116',
            'CAM_FRONT_LEFT':'24332e9c554a406f880436f17771b608'},
    'anns':[
            '173a50411564442ab195e132472fde71',
            '5123ed5e450948ac8dc381772f2ae29a',
            'acce0b7220754600b700257a1de1573d',
            '8d7cb5e96cae48c39ef4f9f75182013a',
            'f64bfd3d4ddf46d7a366624605cb7e91',
            'f9dba7f32ed34ee8adc92096af767868',
            '086e3f37a44e459987cde7a3ca273b5b',
            '3964235c58a745df8589b6a626c29985',
            '31a96b9503204a8688da75abcd4b56b2',
            'b0284e14d17a444a8d0071bd1f03a0a2']
}
```

前文提及的点云数据信息（sd_rec）包含了以下几个关键字段，用于全面描述点云数据的各种属性和关联信息。

1）唯一识别码（token）：每个点云数据的唯一标识符，用于在数据集中定位唯一的点云数据点。

2）点云数据对应的当前样本识别码（sample_token）：指向与该点云数据相关联的样本数据的识别码，用于建立激光雷达数据与样本之间的关联。

3）车身姿态识别码（ego_pose_token）：标识了采集该点云数据时自车的姿态信息，使得点云数据可以与特定的车身姿态相关联。

4）变换矩阵识别码（calibrated_sensor_token）：指向用于将点云数据从激光雷达传感器坐标系转换到自车坐标系的变换矩阵的识别码。

5）时间戳（timestamp）：记录了点云数据被采集的时间点，这对于分析时间序列数据或进行时间同步处理非常重要。

6）数据形式（fileformat）：描述了点云数据的存储格式，如.bin或.pcd等。

7）是否为关键帧（is_key_frame）：标识了该点云数据是否被视为关键帧，关键帧通常用于数据集的标注和评估。

8) 高度 (height)、宽度 (width):分别描述了点云数据的高度和宽度维度。

9) 存储位置 (filename):指出了点云数据在文件系统中的存储路径和文件名。

10) 前一帧识别码 (prev)、后一帧识别码 (next):分别指向数据集中当前点云数据的前一帧和后一帧数据的识别码,用于建立点云数据之间的时间顺序关系。

11) 传感器信息 (sensor_modality):描述了激光雷达传感器的类型或模态,如旋转式激光雷达或固态激光雷达等。

这些字段提供了丰富的上下文和关联信息,使得用户能够方便地检索和处理与每个点云数据点相关的各种数据。点云数据信息的结构示例详见代码清单 7-9。

代码清单 7-9　点云数据信息的结构示例

```
sd_rec:
{
    'token':'3388933b59444c5db71fadeQbbfef470',
    'sample_token':'e93e98b63d3b40269056d129dc53ceee',
    'ego_pose_token':'3388933b59444c5db71fadeobbfef470',
    'calibrated_sensor_token':'7a0cd258d096410eb68251b4b87febf5',
    'timestamp':1531883530449377,
    'fileformat':'ped',
    'is_key_frame':True,
    'height':0,'width':0,
    'filename':'samples/LIDAR_TOP/n015-2018-07-18-11-07-57+0800_LIDAR_TOP_
        1531883530449377.pcd.bin',
    'prev':'','next':'be2cd87d110747cd9849e2b8578b7877',
    'sensor_modality':'lidar','channel':'LIDAR_TOP'
}
```

变换矩阵信息 (cs_record),即传感器坐标系到自车坐标系的变换矩阵信息,其详细结构如代码清单 7-10 所示。它包含了如下几个关键字段,用于全面描述坐标系变换的各种参数和关联信息。

1) 唯一识别码 (token):每个变换矩阵信息的唯一标识符,用于在数据集中定位唯一的变换矩阵。

2) 传感器识别码 (sensor_token):指向与该变换矩阵相关联的传感器的识别码,用于建立变换矩阵与传感器之间的关联。

3）平移矩阵（translation）：描述了从传感器坐标系到自车坐标系的三个轴向上的平移量。

4）旋转矩阵（rotation）：描述了从传感器坐标系到自车坐标系所进行的旋转变换。

5）相机内参矩阵（camera_intrinsic）：虽然这里主要关注于点云数据，但其中也包含了相机内参矩阵的信息，它描述了相机的内部参数，如焦距、光心等，这些参数对于相机的成像模型和图像处理非常重要。

这些字段提供了丰富的参数和关联信息，使得用户能够方便地进行坐标系之间的变换和处理，进而实现传感器数据与自车坐标系之间的准确对应。

代码清单 7-10　变化矩阵信息数据结构示例

```
cs_record: sensor-ego
{
    'token':'7aocd258d096410eb68251b4b87febf5',
    'sensor_token':'dc8b396651c05aedbbgcdaae573bb567',
    "translation":[0.943713,0.0,1.84623],
    'rotation':[0.7077955119163518,-0.006492242056004365,
        0.010646214713995868,-0.70630731428778l7],
    'camera_intrinsic':[]
}
```

自车姿态记录信息（pose_record），即自车坐标系到全局坐标系的变化矩阵信息，其详细结构如代码清单 7-11 所示。它包含了以下几个关键字段，用于全面描述自车在全局坐标系下的位置和朝向，即姿态信息。

1）唯一识别码（token）：每个自车姿态信息的唯一标识符，用于在数据集中定位唯一的自车姿态。

2）时间戳（timestamp）：记录了自车姿态被采集的时间点，这对于分析时间序列数据或进行时间同步处理而言非常重要。

3）旋转矩阵（rotation）：描述了自车坐标系相对于全局坐标系的旋转变换。

4）平移矩阵（translation）：描述了自车坐标系相对于全局坐标系在三个轴向上的平移量。

这些字段的设计方便了后续处理过程中各个信息的获取，使得用户不仅能够准确地检索和处理与自车姿态相关的各种数据，还可以轻松地获取自车在全局坐标系下的位置和朝向信息，进而进行路径规划、定位等后续处理任务。

代码清单 7-11　自车坐标系到全局坐标系的姿态信息结构

```
pose_record: # ego-global
{
    'token':'3388933b59444c5db71fade0bbfef470',
    'timestamp':1531883530449377,
    'rotation':[-0.7495886280607293,-0.0077695335695504636,
        0.06829759813869316,-0.6180637115504101],
    'translation':[1010.1328353833223,610.8111652918716,0.0]
}
```

（5）点云数据处理

在代码清单 7-7 的处理流程后，点云数据被存储在新定义的 info 字典中，存储的点云数据结构如代码清单 7-12 所示。在 info 字典中，几个重要的元素被特别记录，以便后续的高效访问和处理。具体包括：

1）点云路径（lidar_path）：点云数据在文件系统中的存储路径，它指向了包含原始点云信息的文件，便于后续的数据加载和处理。

2）关键帧识别码（token）：作为每个点云数据的唯一标识，关键帧识别码在数据集中唯一地代表了一个点云数据实例，它简化了数据检索和管理的过程。

3）雷达到自车的平移（lidar2ego_translation）与旋转（lidar2ego_rotation）矩阵：这两个矩阵共同描述了从激光雷达传感器坐标系到自车坐标系的变换关系，包括了在三个轴向上的平移量和绕各轴的旋转角度信息，这对于坐标系的转换和数据的融合来说至关重要。

4）自车到全局的平移（ego2global_translation）与旋转（ego2global_rotation）矩阵：定义了从自车坐标系到全局坐标系的变换，它们使得自车的位置和朝向能够与全局坐标系相匹配，为路径规划、定位等任务提供了必要的信息。

5）时间戳（timestamp）：记录了点云数据被采集的精确时间点，这对于时间序列分析、数据同步以及动态场景的重建等任务来说非常重要。

这些关键信息存储在 info 字典中，为后续的数据处理和分析工作提供助力。

代码清单 7-12　存储的点云数据结构

```
info = {
    'lidar_path': lidar_path,
    'token': sample['token'],
```

```
        'sweeps': [],
        'cams': dict(),
        'lidar2ego_translation': cs_record['translation'],
        'lidar2ego_rotation': cs_record['rotation'],
        'ego2global_translation': pose_record['translation'],
        'ego2global_rotation': pose_record['rotation'],
        'timestamp': sample['timestamp'],
    } # lidar info
```

在 Info 中存储了点云数据之后，接下来就是提取变换矩阵了，这一过程的详细实现过程参见代码清单 7-13。值得注意的是，为了准确地提取和应用这个旋转矩阵，我们需要使用四元数（Quaternion）来对它进行表示。

代码清单 7-13　从 Info 中提取平移与旋转矩阵

```
l2e_r = info['lidar2ego_rotation']
l2e_t = info['lidar2ego_translation']
e2g_r info['ego2global_rotation]
e2B_t = info['ego2global_translation']
l2e_r_mat = Quaternion(l2e_r).rotation matrix

e2g_r_mat -Quaternion(e2g_r).rotation matrix
```

首先是实现四元数的类表示（类名 Quaternion）。这个类将提供必要的数学运算等功能，以便我们能够方便地处理和操作四元数。四元数的类表示建立完毕后，我们就可以进一步从中推导出变换矩阵，这些矩阵在图像处理中扮演着至关重要的角色。

具体地说，变换矩阵允许我们在不同的坐标系之间进行转换，这对于图像的几何变换、三维重建以及场景理解等任务来说是不可或缺的。提取出的变换矩阵应用于图像处理流程，我们能够实现对图像数据的精确操控和分析，从而为后续的计算机视觉任务奠定坚实的基础。

（6）图像数据处理

每一帧图像包含 6 个摄像头元素，分别为前视角（CAM_FRONT）、前右视角（CAM_FRONT_RIGHT）、前左视角（CAM_FRONT_LEFT）、后视角（CAM_BACK）、后左视角（CAM_BACK_LEFT）、后右视角（CAM_BACK_RIGHT），其列表如代码清单 7-14 所示。

代码清单 7-14　包含 6 个摄像头元素的列表

```
camera_types = [
    'CAM_FRONT',
    'CAM_FRONT_RIGHT',
    'CAM_FRONT_LEFT',
    'CAM_BACK',
    'CAM_BACK_LEFT',
    'CAM_BACK_RIGHT',
]
```

接下来，我们对 6 个不同视角的摄像头分别进行相应的图像数据处理。对于每个视角下的摄像头，我们获取了其中的关键信息，包括相机识别码（cam_token）、相机地址（cam_path）以及相机内参矩阵（cam_intrinsic），这一过程如代码清单 7-15 所示。

代码清单 7-15　遍历 camera_types 列表中并获取相机识别码、相机地址和内参矩阵

```
for cam in camera_types:
    cam_token = sample['data'][cam]
    cam_path, _, cam_intrinsic = nusc.get_sample_data(cam_token)
    cam_info = obtain_sensor2top(nusc, cam_token, 12e_t, 12er_mat,
                                 e2R_t,e2g_r_mat,cam)
    cam_info.update(cam_intrinsic=cam_intrinsic)
    info['cams'].update({cam:cam_info})
```

基于这些信息以及平移、旋转矩阵，并通过 obtain_sensor2top 函数，我们可以生成详细的相机信息（cam_info）。随后，我们使用更新（update）方法来进一步更新相机内参矩阵、相机信息以及一系列基础信息，最终得到完整的相机信息（info）。

相机信息包含了以下多个关键字段，用于全面描述相机的各种属性和关联信息。

1）图像数据的存储路径（data_path）：指出了图像数据在文件系统中的存储位置，便于后续的图像加载和处理。

2）摄像头视角（type）：描述了摄像头的视角类型，如前视角、后置视角、左侧视角、右侧视角等，这对理解图像内容和进行图像处理非常重要。

3）样本数据识别码（sample_data_token）：作为每个图像的唯一标识，在数据集中唯一地代表了一个图像实例，简化了数据检索和管理的过程。

4）各类变换矩阵：包括相机坐标系到自车坐标系的变换矩阵、自车坐标系到全局坐标系的变换矩阵等，这些矩阵对于坐标系的转换和数据的融合至关重要。

5）时间戳（timestamp）：记录了图像被采集的精确时间点，这对于时间序列分析、数据同步以及动态场景的重建等任务来说非常重要。

6）相机坐标系到雷达坐标系的变换矩阵：描述了相机坐标系与激光雷达坐标系之间的变换关系，这对多传感器数据的融合和处理非常关键。

这些字段提供了丰富的上下文和关联信息，使得用户能够方便地检索和处理与每个图像相关的各种数据，相机信息结构如代码清单 7-16 所示。

代码清单 7-16　相机信息结构

```
cam_info:
{
    'data_path':'./data/nuscenes/samples/CAM_FRONT/n015-2018-07-18-11-07-57+
        0800__CAM_FRONT__1531883530412470.jpg',
    'type': 'CAM_FRONT',
    'sample_data_token': '020d7b4f858147558106c504f7f31bef',
    'sensor2ego_translation': [1.70079118954, 0.0159456324149, 1.51095763913],
    'sensor2ego_rotation': [0.4998015430569128, -0.5030316162024876,
        0.4997798114386805, -0.49737083824542755],
    'ego2global_translation': [1010.1102882349232, 610.6567106479714, 0.0],
    'ego2global_rotation': [-0.7530285141171715, -0.007718682910458633,
        0.00863090844122062, -0.6578859979358822],
    'timestamp': 1531883530412470,
    'sensor2lidar_rotation': array([[ 0.99995012,  0.00730543,  0.00681137],
                     [-0.00694924,  0.01901527,  0.99979504],
                     [ 0.00717441, -0.9997925 ,  0.01906509]]),
    'sensor2lidar_translation': array([ 0.00072265,  0.60818175, -0.31034774])
}
```

相机信息（即 info）经过一系列处理后的结果会根据其场景识别码（scene_token）的不同，被分类并添加到不同类型的 nuScenes 信息（nusc_infos）中，最终，这些维度丰富且组织良好的 nuScenes 信息会被作为返回值传递给 create_data 函数，以供后续的数据创建和处理流程使用。这一过程的实现细节如代码清单 7-17 所示。

代码清单 7-17　判断场景识别码实现分类添加，之后传回获取的信息

```
if sample['scene_token'] in train_scenes:
    train_nusc_infos.append(info)
else:
```

```
        val_nusc_infos.append(info)
    return train_nusc_infos, val_nusc_infos
```

(7)存储信息数据导出 2D 标注信息

通过执行_fill_trainval_infos 函数,我们成功地获取了两组关键的信息数据(即 *_nusc_infos)。为了便于后续的数据处理和分析,我们使用 mmcv.dump()函数将这两组宝贵的信息分别存储到对应路径下的 pickle 文件中。这样的存储方式不仅确保了数据的持久化,还极大地便利了后续对数据的加载和使用,这一过程如代码清单 7-18 所示。

代码清单 7-18　填充信息并保存为 pickle 文件

```
train_nusc_infos, val_nusc_infos = _fill_trainval_infos(
    nusc, train_scenes, val_scenes, test, max_sweeps=max_sweeps)

metadata = dict(version=version)
if test:
    print('test sample: {}'.format(len(train_nusc_infos)))
    data = dict(infos=train_nusc_infos, metadata=metadata)
    info_path = osp.join(root_path,
            '{}_infos_test.pkl'.format(info_prefix))
    mmcv.dump(data, info_path)
else:
    print('train sample: {}, val sample: {}'.format(
            len(train_nusc_infos), len(val_nusc_infos)))
    data = dict(infos=train_nusc_infos, metadata=metadata)
    info_path = osp.join(root_path,
            '{}_infos_train.pkl'.format(info_prefix))
mmcv.dump(data, info_path)
data['infos'] = val_nusc_infos
info_val_path = osp.join(root_path,
        '{}_infos_val.pkl'.format(info_prefix))
mmcv.dump(data, info_val_path)
```

此时我们回到 create_data.py 文件,向导出 2D 标注信息函数即 export_2d_annotation()函数传入根目录路径(root_path)以及 pickle 文件(pkl)路径等参数,得到对应的 2D 标注信息,最后生成评估数据库(groundtruth_database),在根目录下的 4 个 pickle 文件与 2 个 JSON 文件,这一过程详见代码清单 7-19。

代码清单 7-19　确定数据集 pickle 文件生成位置并导出 2D 标注信息

```
info_train_path = osp.join(root_path, f'{info_prefix}_infos_train.pkl')
info_val_path = osp.join(root_path, f'{info_prefix}_infos_val.pkl')
nuscenes_converter.export_2d_annotation(
        root_path, info_train_path, version=version)
nuscenes_converter.export_2d_annotation(
        root_path, info_val_path, version=version)
create_groundtruth_database(dataset_name, root_path, info_prefix,
                        f'{out_dir}/{info_prefix}_infos_train.pkl'))
```

7.2.2　模型训练过程

模型训练过程被精心设计为三个阶段,以确保全面而有效的数据处理和模型训练。首先,是图像支路,这一阶段专注于提取和分析图像中的关键特征。接着,进入点云支路,这一阶段致力于处理和解析激光雷达采集到的点云数据,以获取精确的空间和结构特征信息。最后,进入融合支路(即融合模块),这一阶段是将前两个阶段的信息进行合并,实现图像特征和点云特征的融合。

1. 图像支路

首先进入图像支路部分,以提取和分析图像中的关键特征。

(1) 训练配置文件

打开图像支路训练文件(configs/bevfusion/cam_stream/bevf_pp_4x8_2x_nusc_cam.py),该文件包含了基础配置(_base_)以及优化器策略(optimizer),如代码清单 7-20 所示。

代码清单 7-20　图像支路训练配置文件

```
_base_ = [
    '../../_base_/datasets/nusc_cam_pp.py',
    '../../_base_/schedules/schedule_2x.py',
    '../../_base_/default_runtime.py'
]
optimizer = dict(_delete_=True, type='Adamw', lr=0.001, betas=(0.9, 0.999),
    weight_decay=0.05,
    paramvise_cfg=dict(custom_keys={'absolute_pos_embed': dict(decay_
        mult=0.),
        'relative_position_bias_table': dict(decay_mult=0.).
        'norm': dict(decay_mult=0.)}))
```

接下来，我们设定图像的最终尺寸（final_dim），其中图像的高（h）和宽（w）分别为 450 和 800，同时下采样率（downsample）设置为 8。

接下来是图像支路模型（model）的构建过程，图像支路主要包括图像的骨干网络（backbone）、图像的颈部网络（neck）以及检测头（head）三个模块。

通过图像支路模型构建的三个模块，我们能够充分利用图像中的信息，实现精确的目标检测和识别任务。图像支路基础配置如代码清单 7-21 所示。

代码清单 7-21　图像支路基础配置

```
final_dim(450, 800)
downsample=8
voxel_size = [0.25, 0.25, 8]
model = dict(
    type='BEVF_FasterRCNN',
    camera_stream=True,
    ......
    img_backbone=dict(
        type='CBSwinTransformer',
            embed_dim=96,
            depths=[2,2,6,2],
            ......
    img_neck=dict(
        type='FPNC',
        final_dim=final_dim,
        ......
    pts_bbox_head=dict(
        type='Anchor3DHead',
        num_classes=10,
        in_channels=256,
        feat_channels=256,
        ......
......
```

其中，检测头能够提供不同的基础锚点（BaseAnchor），以便预测各种尺寸的目标。具体而言，检测头针对不同类型的目标，如卡车、拖车、自行车、行人和交通锥设定了特定的尺寸（sizes）范围及其对应的偏移量（ranges）。这样的设计使得模型能够更加准确地适应和预测不同尺寸的目标，从而提高整体检测的精度和效果，如代码清单 7-22 所示。

代码清单 7-22　不同 BaseAnchor 的尺寸范围和偏移量

```
ranges=[
    [-49.6,-49.6,-1.80032795,49.6,49.6,-1.80032795],
    [-49.6,-49.6,-1.74440365,49.6,49.6,-1.74440365],
    [-49.6,-49.6,-1.68526504,49.6,49.6,-1.68526504],
    [-49.6,-49.6,-1.67339111,49.6,49.6,-1.67339111],
    [-49.6,-49.6,-1.61785072,49.6,49.6,-1.61785072],
    [-49.6,-49.6,-1.80984986,49.6,49.6,-1.80984986],
    [-49.6,-49.6,-1.763965,49.6,49.6,-1.763965],
],
sizes=[
    [1.95817717,4.60718145,1.72270761], #car
    [2.4560939,6.73778078,2.73004906], #truck
    [2.87427237,12.01320693,3.81509561], #trailer
    [0.68858911,1.68452161,1.27192197], #bicyfle
    [0.66344886,0.7256437,1.75748069], #pedestrian
    [0.39694519,0.40359262,1.06232151],#traffic_cone
    [2.49808838,8.48578221,8.98297065], #barrier
]
```

权重文件详见代码清单 7-23，可以直接导入使用。

代码清单 7-23　权重文件导入

```
load_img_from = 'work_dirs/mask_rcnn_dbswin-t_fpn_3x nuim_cocopre/epoch_36.pth'
#fp16 = dict(loss_scale=32.0)
```

（2）图像支路入口

网络结构的起点可参考前文的代码清单 7-21，可以看到图像支路采用了 BEV_FasterRCNN 模型。若要查看 BEV_FasterRCNN 模型的具体实现，可以访问/mmdet3d/models/detectors 目录下的 bevf_faster_rcnn.py 文件。在此文件中，BEVF_FasterRCNN 类继承自 MVXFasterRCNN 类。

在 BEVF_FasterRCNN 类中，模型的计算过程主要通过前向训练函数 forward_train( ) 实现，该函数负责处理图像支路的相关操作，其实现细节如代码清单 7-24 所示。这一过程接收了多个关键参数，包括图像信息、真值框（即真实目标的位置和尺寸）、真值标签（即真实目标的类别）等。这些参数为模型提供了必要的信息，使训练过程中的目标检测和识别更加准确、方便。

代码清单 7-24　MVXFasterRCNN 类下前向训练函数

```
@DETECTORS.register_module()
class BEVF_FasterRCNN(MVXFasterRCNN):
    ......
    def forward_train(self,
        points=None,
        img_metas=None,
        gt_bboxes_3d=None,
        gt_labels_3d=None,
        gt_labels=None,
        gt_bboxes=None,
        img=None,
        img_depth=None,
        img_aug_matrix=None,
        lidar_aug_matrix=None,
        proposals=None,
        gt_bboxes_ignore=None):
        ......
```

在接收到传入的参数后，接下来调用特征提取函数 extract_feat( ) 来提取图像特征，如代码清单 7-25 所示。

代码清单 7-25　传入参数信息及特征提取函数

```
feature_dict = self.extract_feat(
    points, img=img, img_metas=img_metas, gt_bboxes_3d=gt_bboxes_3d, img_aug_
        matrix=img_aug_matrix, lidar_aug_matrix=lidar_aug_matrix)
img_feats = feature_dict['img_feats']
pts_feats = feature_dict['pts_feats']
depth_dist = feature_dict['depth_dist']
```

利用 extract_feat( ) 函数，可以根据不同的情形进行相应的提取。具体来说，在图像支路下，该函数仅提取图像特征，如代码清单 7-26 所示；在点云支路下，则仅提取点云特征；而在融合模块下，该函数会同时提取图像特征和点云特征。

代码清单 7-26　从输入图像中提取特征

```
def extract_feat(self, points, img, img_metas, img_aug_matrix=None,
    lidar_aug_matrix=None, gt_bboxes_3d=None):
    img_feats = self.extract_img_feat(img, img_metas)
```

```
            pts_feats = self.extract_pts_feat(points, img_feats, img_metas)
            ......
```

（3）骨干网络与颈部网络特征提取

要提取图像特征则进入图像特征提取函数 extract_img_feat()，该函数的实现过程如代码清单 7-27 所示。extract_img_feat()函数首先会判断图像的维度，然后根据需要进行相应的压缩处理，以获取适合后续处理的图像。获取到图像后，它就会被传递到骨干网络中进行特征提取。这里使用的骨干网络特征提取函数是 img_backbone()，而骨干网络的类型（参见代码清单 7-21），被指定为 CBSwinTransformer。

代码清单 7-27　图像特征提取函数

```
def extract_img_feat(self, img, img_metas):
    if self.with_img_backbone and img is not None:
        input_shape = img.shape[-2:]
        for img_meta in img_metas:
            img_meta.update(input_shape=input_shape)
            if img.dim() == 5 and img.size(0) == 1:
                img.squeeze_(0) # img: [1, 6, 3, 448, 800] -> [6, 3, 448, 800]
            elif img.dim() == 5 and img.size(0) > 1:
                B, N, C, H, W = img.size()
                img = img.view(B * N, C, H, W)
        img_feats = self.img_backbone(img.float())
    else:
        return None
    if self.with_img_neck:
        img_feats = self.img_neck(img_feats)
    return img_feats # [6, 256, 56, 100]
```

完成骨干网络的特征提取后，接下来会使用颈部网络的特征金字塔（FPN）模块对提取的特征进行进一步的处理。通过 FPN 模块，我们可以得到最终的图像特征（img_feats）。

（4）图像特征处理

在执行了 extract_img_feat()函数并成功提取了图像特征之后，紧接代码清单 7-26，处理流程的重点转向 LSS（Lift, Splat, Shoot）模块，其实现细节如代码清单 7-28 所示。LSS 模块的主要任务是将提取的图像特征转换为 BEV 特征，以便后续的处理和分析。

代码清单 7-28　LSS 模块将图像特征转为 BEV 特征

```
if self.lift:
    BN, C, H, W = img_feats[0].shape
    batch_size = BN//self.num_views
    img_feats_view = img_feats[0].view(batch_size, self.num_views, C, H, W)
    rots = []
    trans = []
    for sample_idx in range(batch_size):
        rot_list = []
        trans_list = []
        for mat in img_metas[sample_idx]['lidar2img']:
            mat = torch.Tensor(mat).to(img_feats_view.device)
            rot_list.append(mat.inverse()[:3, :3])
            trans_list.append(mat.inverse()[:3, 3].view(-1))
        rot_list = torch.stack(rot_list, dim=0)
        trans_list = torch.stack(trans_list, dim=0)
        rots.append(rot_list)
        trans.append(trans_list)
    rots = torch.stack(rots)
    trans = torch.stack(trans)
    lidar2img_rt = img_metas[sample_idx]['lidar2img']
    ......
    img_bev_feat, depth_dist = self.lift_splat_shot_vis(img_feats_view,
        rots, trans, lidar2img_rt=lidar2img_rt, img_metas=img_metas,
        post_rots=post_rots, post_trans=post_trans, extra_rots=extra_
        rots,extra_trans=extra_trans)
    ......
```

为了实现这一特征转换，程序首先检查 self.lift 条件是否为 True。如果为真，程序会进入相应的条件分支，并对图像特征的尺寸进行调整，以确保它们能够适应后续处理。

随后，程序进入一个 for 循环，对数据逐批进行处理。在循环外部，创建了两个列表：rot_list 和 trans_list 这两个列表的逆矩阵列表，分别用于获取循环中每个批次数据的旋转矩阵和平移矩阵的逆矩阵，这两个逆矩阵列表在后续的 3D 转换过程中将发挥关键作用。同时，为了保留原始的变换信息，未经逆处理的矩阵也被保存下来。

在准备好必要的变换矩阵后，程序调用了 lift_splat_shot_vis() 函数。这个函数以图像特征、平移旋转矩阵以及原始的图像输入作为参数，通过一系列的处理和变换，最终得到图像点云特征（img_bev_feat）和深度分布特征。

为了深入解析 lift_splat_shot_vis( ) 函数的工作原理，我们首先关注其前向函数 forward( )，该函数接收如下关键输入参数。

1) 图像特征（x）：尺寸为 [1,6,256,56,100]，其中，[56,100] 代表图像的尺寸，[256] 代表通道数，[6] 表示图像的视角数，即图像是从多少个不同的角度或位置捕获的。

2) 旋转、平移矩阵（rots、trans）：这两个矩阵共同描述了从图像坐标系到雷达坐标系的旋转和平移关系。它们提供了从图像空间到雷达空间进行变换的完整信息。

3) 被标记为 None 的其他参数：表示在当前上下文中它们可能不被使用或具有默认值。

在获取了这些输入参数后，forward( ) 函数会调用 get_voxels( ) 函数，以生成体素表示，进而得到 BEV 特征。这一步骤是将图像特征从原始的图像空间转换到 BEV 空间的关键。

随后，通过 s2c 模块对高度进行压缩，最终得到图像的 BEV 特征。这一特征表示了图像在雷达坐标系下的鸟瞰视角，为后续的目标检测和识别任务提供了重要的空间信息。forward 函数的定义详见代码清单 7-29。

代码清单 7-29　forward 函数

```
def forward(self, x, rots, trans, lidar2img_rt=None, img_metas=None, post_rots=None,
    post_trans=None, extra_rots=None,extra_trans=None):
    x, depth = self.get_voxels(x, rots, trans, post_rots, post_trans,extra_rots,
        extra_trans)
    bev = self.s2c(x)
    x = self.bevencode(bev) # [1, 256, 200, 200]
    return x, depth
```

提取体素特征的 get_voxels 函数，是生成体素表示的关键步骤，如代码清单 7-30 所示。在拥有了图像特征、旋转矩阵以及平移矩阵之后，此函数会首先生成一系列的坐标点。这些坐标点是根据图像特征在三维空间中的位置计算得出的，它们实现了将图像数据从原始坐标系到一个新的坐标系的转换，同时，这个新坐标系与体素网格完美对齐。

代码清单 7-30　提取体素特征

```
def get_voxels(self, x, rots=None, trans=None, post_rots=None, post_trans=None,
    extra_rots-None):
    geom = self.get_geometry(rots, trans, post_rots, post_trans, extra_rots,
        extra_trans)
    x, depth=self.get_cam_feats(x)
```

```
x = self.voxel_pooling(geom, x)
return x, depth
```

随后，通过 get_cam_feats ( ) 函数，我们可以进一步得到图像特征与深度分布 (depth)。这两个信息对于理解图像在三维空间中的分布和形状至关重要。

然后，利用 voxel_pooling ( ) 函数，我们将三维的坐标点巧妙地"拍平"到二维的 BEV 空间。这一步骤实现了从三维到二维的转换，使得我们可以在一个更加直观和简洁的平面上分析图像特征。

最终，get_voxels 函数返回 BEV 特征，这个特征包含了图像在三维空间中的关键信息，并且这些信息已经被优化为适合在二维平面上进行处理和分析的形式。

接下来进入函数 get_geometry ( )，如代码清单 7-31 所示，由于相关参数均为 None，且在当前的处理流程中，这些参数不参与坐标点的生成。因此，程序会进入 else 分支。

代码清单 7-31　函数 get_geometry

```
def get_geometry(self, rots, trans, post_rots=None, post_trans=None,
    extra_rots=None, extra_trans=None):
    B, N, _ = trans.shape
    if post_rots is not None or post_trans is not None:
        if post_trans is not None:
            points = self.frustum - post_trans.view(B, N, 1, 1, 1, 3)
        if post_rots is not None:
            points = torch.inverse(post_rots).view(B, N, 1, 1, 1, 3, 3).matmul
                (points.unsqueeze(-1))
    else:
        points = self.frustum.repeat(B, N, 1, 1, 1, 1).unsqueeze(-1)
    points = torch.cat((points[:, :, :, :, :, :2]*points[:, :, :, :, :, 2:3],
                        points[:, :, :, :, :, 2:3]
                        ), 5)
    points = rots.view(B, N, 1, 1, 1, 3, 3).matmul(points).squeeze(-1)
    points += trans.view(B, N, 1, 1, 1, 3)
    if extra_rots is not None or extra_trans is not None:
        if extra_rots is not None:
            points = extra_rots.view(B, N, 1, 1, 1, 3, 3).matmul(points.unsqueeze
                (-1)).squeeze(-1)
        if extra_trans is not None:
            points += extra_trans.view(B, N, 1, 1, 1, 3)
    return points
```

else 分支中涉及了"视锥空间"（frustum）的概念。视锥空间是一个预先构造好的空间，其形状和大小是根据图像的尺寸来确定的。为了生成所需的坐标点，get_geometry( )函数会将图像的多个视角复制到这个视锥空间中。

复制完成后，我们得到了视锥空间中的复制结果，这些结果是以图像为基准的像素坐标表示的。然而，这些像素坐标只表示二维空间中的位置，为了得到对应的三维空间位置坐标点，我们还需要利用深度信息、旋转矩阵以及平移矩阵进行进一步的转换和计算。

最终，我们能够得到每个像素点在三维空间中的准确位置坐标，这为后续的处理和分析提供了重要的空间信息。

（5）BEV 特征转换

体素池化函数 voxel_pooling( )负责将三维空间中的体素（voxels）特征进行池化，voxel_pooling( )函数实现细节如代码清单 7-32 所示。

代码清单 7-32　体素池化函数

```python
def voxel_pooling(self, geom_feats, x):
    B, N, D, H, M, C = x.shape
    Nprime = B *N *D *H *W
    batch_size = x.shape[0]
    geom_feats = ((geom_feats - (self.bx - self.dx / 2.)) / self.dx).long()
    geom_feats = geom_feats.view(Nprime, 3)
    batch_ix = torch.cat([torch.full([Nprime // B, 1], ix,
                        device=x.device, dtype=torch.long) for ix in range(B)])
    batch_ix = batch_ix.to(geom_feats.device)
    geom_feats = torch.cat((geom_feats, batch_ix),1)
    kept = (geom_feats[:, 0] >= 0) & (geom_feats[ :, 0] < self.nx[0]) \
        &(geom_feats[ :, 1] >= 0) & (geom_feats[:, 1] < self.nx[1]) \
        &(geom_feats[ :, 2] >=0) & (gecm_feats[ :, 2] < self.nx[2])
    x = x[kept]
    geom_feats = geom_feats[kept]
    ranks = geomfeats[ :, 0] = (self.nx[1] *self.nx[2]*B) \
        + geom_feats[ :, 1] *(self.nx[2] *B) \
        + geom_feats[ :, 2] *B \
        + geom_feats[ :, 3]
    sorts = ranks.argsort() # [551698, ]
    x,geom_feats,ranks = x[sorts], geom_feats[sorts], ranks[sorts] # x:[551698, 64],
        geom
    if not self.use_quickcumsum:
```

```
        x, geom_feats = cumsum_trick(x, geom_feats, ranks)
    else:
        x, geom_feats = QuickCumsum.apply(x, geom_feats, ranks)
    final = torch.zeros((B, C, self.nx[2], self.nx[0], self.nx[1]),
        device=x.device) # final:
    final[geom_feats[:, 3], :, geom_feats[:, 2], geom_feats[:, 0],
        geom_feats[:, 1]] = x
    return final
```

voxel_pooling()函数首先执行的操作是将整个三维空间精细地划分为多个体素格子。随后，该函数会对每个格子内部的特征进行聚合处理。根据格子的总数以及特征的维度，函数会对初始的图像特征执行展平操作，即将所有特征向量紧密地连接在一起，进而形成一个统一的特征维度。

接下来，函数会过滤掉那些超出网格空间的点，仅保留位于网格内的点（称为保留点或 kept）。随后，voxel_pooling()函数会提取这些保留点的特征以及位置信息（geom_feats）。

针对网格内可能存在的多个点（例如，三个或五个点恰好投影至同一个格子内），voxel_pooling()函数会执行一个特征信息的整合过程，即聚合（或融合）这些点的特征，以形成单一、综合的网格特征作为输出。

这一方法不仅提供了灵活的融合策略选项，还显著增强了模型在处理复杂场景时的能力，使其能够更准确地理解和解释三维空间中的信息。

在特征提取过程中，我们遵循代码清单 7-25 所示的步骤，最终获得了三项关键输出：图像特征（img_feats）、点云特征（pts_feats）以及深度分布特征（depth_dist）。这些特征为后续的任务提供了丰富的信息。

拥有了这些特征后，我们就可以进行损失函数的计算了，具体如代码清单 7-33 所示。这一过程相对简单，主要涉及将预测结果与真实标签进行比较，并计算出相应的损失值，用于后续的优化和训练。由于这部分内容较为直接，此处不再赘述。

代码清单 7-33　损失函数的计算

```
losses = dict()
if pts_feats:
    losses_pts = self.forward_pts_train(pts_feats, gt_bboxes_3d,
                                        gt_labels_3d, img_metas,
                                        gt_bboxes_ignore)
    losses.update(losses_pts)
```

```
if img_feats:
    losses_img = self.forward_img_train(
        img_feats,
        img_metas=img_metas,
        gt_bboxes=gt_bboxes,
        gt_labels=gt_labels,
        gt_bboxes_ignore=gt_bboxes_ignore,
        proposals=proposals)
if img_depth is not None: # None
    loss_depth = self.depth_dist_loss(depth_dist, img_depth, loss_method=self.i
    losses.update(img_depth_loss=loss_depth)
losses.update(losses_img)
```

2. 点云支路

图像支路处理完毕后进入点云支路,这一阶段致力于处理和解析激光雷达采集到的点云数据,以获取精确的空间和结构信息。

(1) 点云支路的配置文件

首先,打开在configs/bevfusion/lidar_stream/目录下的 hv_ pointpillars_secfpn_sbn-all_4x8_2x_nus-3d. py 文件,该文件中存在点云支路的代码入口。接下来,我们将深入探讨点云数据的训练流程。具体代码参考代码清单 7-34。

代码清单 7-34 点云数据训练流程

```
# then train LiDAR stream
./tools/dist_train.sh configs/bevfusion/lidar_stream/
hv_pointpillars_secfpn_sbn-all_4x8_2x_nus-3d.py 8
```

想要深入理解点云支路的工作原理并进行相应的配置调整,可以参考代码清单 7-35,该清单详细展示了点云支路的配置文件及其相关设置。

代码清单 7-35 点云支路配置文件及其相关配置

```
_base_ = [
    '../../_base_/models/hv_pointpillars_fpn_nus.y',
    '../../_base_/datasets/nus-3d.py',
    '../../_base_/schedules/schedule_2x.py',
    '../../_base_/default_runtime.py',
]
# model settings
```

```
model = dict(
    pts_neck=dict(
    _delete_=True,
    type='SECONDFPN',
    norm_cfg=dict(type='naiveSyncBN2d', eps=1e-3, momentum=0.01),
    in_channels=[64,128,256],
    upsample_strides=[1,2,4],
    out_chomnels=[128, 128, 128]),
pts_bbox_head dict(
    in_channs=384,
    feat_chamels=384,
    anchor_generator=dict(
        _delete_=True,
        type='AlignedAnchor3DRangeGenerator',
        ranges=[
            [-49.6, -49.6, -1.80032795, 49.6, 49.6, -1.80032795],
            [-49.6, -49.6, -1.74440365, 49.6, 49.6, -1.74440365],
            [-49.6, -49.6, -1.68526504, 49.6, 49.6, -1.68526504],
            [-49.6, -49.6, -1.67339111, 49.6, 49.6, -1.67339111],
            [-49.6, -49.6, -1.61785072, 49.6, 49.6, -1.61785072],
            [-49.6, -49.6, -1.80984986, 49.6, 49.6, -1.80984986],
            [-49.6, -49.6, -1.763965, 49.6, 49.6, -1.763965],
            ......
```

（2）点云支路入口

点云支路的入口从 MVXFasterRCNN 模型的调用开始。MVXFasterRCNN 是一个两阶段目标检测模型，详见代码清单 7-36。

代码清单 7-36　MVXFasterRCNN 模型

```
voxel_size = [0.25, 0.25, 8]
model = dict(
    type='MVXFasterRCNN',
    pts_voxel_layer-dict(
        max_num_points=64,
        point_cloud_range=[-50,-50,-5,50,50,3],
        voxel_size=voxel_size,
        max_voxels=(30000,40000)),
    pts_voxel_encoder=dict(
        type='HardVFE',
        in channels=4,
        feat_channels=[64,64],
```

```
            with_distance=False,
            voxel_size=voxel_size,
            with_cluster_center=True,
            with_voxel_center=True,
            point_cloud_range=[-50, -50, -5, 50, 50, 3],
            norm_cfg=dict(type='naiveSyncBN1d', eps=1e-3,momentum=0.01)),
    pts_middle_encoder=dict(
            type='PointPillarsScatter', in_channels-64, output_shape=[400,400]),
    pts_backbone=dict(
            type='SECOND',
            in_channels=64,
            norm_cfg dict(type='naiveSyncBN2d', eps=1e-3, momentum=0.01),
            layer_nums-[3, 5, 5],
            layer_strides=[2, 2, 2],
            out_channels=[64, 128, 256]),
    ......
```

Base3DDetector 作为 MVXFasterRCNN 模型的基类定义了基本的点云处理功能，详见代码清单 7-37。

代码清单 7-37　Base3DDetector

```
@DETECTORS.register_module()
class HVXTwoStageDetector(Base3DDetector):
    def __init__(self,
            freeze_img=False,
            pts_voxel_layer=None,
    .......
```

（3）点云前向处理与特征提取

点云前向处理的具体实现参见代码清单 7-38。前向函数不仅涵盖了训练阶段所必需的图像特征的处理，还深度融合了点云特征的处理。作为前向函数的重要组成部分，点云特征处理对全面透视点云在整个数据处理流程中的核心地位与功能来说至关重要。通过剖析前向函数，我们能更深刻地理解点云特征与图像特征如何相互配合、协同作业，共同驱动整个处理流程的高效运行与性能提升。

代码清单 7-38　点云前向处理实现

```
img_feats,pts_feats = self.extract_feat(
    points, img=img, img_metas=img_metas, gt_bboxes_3d=gt_bboxes_3d)
```

```
losses=dict()
if pts_feats:
    #losses_pts = self.forward_pts_train(pts_feats, img_feats, gt_bboxes_3d,
    losses_pts = self.forward_pts_train(pts_feats,gt_bboxes_3d,
                                        gt_labels_3d,img_metas,
                                        gt_bboxes_ignore)
    losses.update(losses_pts)
if img_feats:
    losses_img = self.forward_img_train(
        img_feats,
        img_metas=img_metas,
        gt_bboxes=gt_bboxes,
        gt_labels=gt_labels,
        gt_bboxes_ignore=gt_bboxes_ignore,
        proposals=proposals)
    losses.update(losses_img)
```

点云支路提取点云特征的过程详见代码清单 7-39。

代码清单 7-39　在点云支路提取点云特征

```
def extract_feat(self, points, img, img_metas, gt_bboxes_3d=None):
    img_feats = self.extract_img_feat(img, img_metas)
    pts_feats = self.extract_pts_feat(points,img_feats,imgmetas)
    return(img_feats,pts_feats)
```

点云特征的提取方式和维度与图像支路有所不同。图像支路使用 extract_img_feat( ) 函数提取图像特征，但由于无点云数据所以并未传出点云特征。而点云特征在处理输入的点云数据时，需要注意到图像特征的存在。当然，我们的主要任务是对点云数据进行处理，以提取点云特征，这一过程参见代码清单 7-40。然而，点云场景本身是无序的，因此，我们需要通过体素化技术将其转换为有序的网格结构。经过体素化处理后，点云被划分为多个网格。为了保持处理的效率，每个体素化网格最多可以包含 64 个点，这样可以确保每个网格中的点数不会过多。这些点与原始点云保持一致。拥有了这些体素化的网格后，我们需要对体素进行编码。特征提取的过程是通过体素编码器（voxel encoder）中的体素编码网络来完成的。

代码清单 7-40　提取点云特征

```
def extract_pts_feat(self, pts, img_feats, img_metas, gt_bboxes_3d=None):
    if not self.with_pts_bbox:
        return None
    voxels, mun_points, coors = self.voxelie(pts) # torch.Size([13909,64,4])torch.size
    voxel_features = self.pts_voxel_encoder(voxels, num_points, coors,
    img_feats, img_metas)#[13909,64]
    batch_size = coors[-1, 0] + 1
    x = self.pts_middle_encoder(voxel_features, coors, batch_size) # [1, 64, 400, 400]
    x = self.pts_backbone(x)
    if self.with_pts_neck:
        x = self.pts_neck(x)
    ......
```

（4）点云体素化编码提取特征

体素编码器为"HardVFE"，详见代码清单 7-36。为进一步了解其工作原理和应用场景，接下来将重点关注"HardVFE"体素编码网络配置文件。体素编码网络配置文件详见代码清单 7-41。

代码清单 7-41　体素编码网络配置文件

```
pts_voxel_encodth = dict(
    type='HardVFE',
    in_channels=4,
    feat_channels=[64,64],
    with_distance=False,
    voxel_size-voxel_size,
    with_cluster_center=True,
    with_voxel_center=True,
    point_cloud_range=[-50, -50, -5, 50, 50, 3],
    norm_cfg=dict(type='naiveSyncBN1d', eps=1e-3,
    ......)
```

实际上，特征与每个体素的表示之间的具体关联过程可以在前向函数中找到，参见代码清单 7-42。输入前向函数参数的特征量是以张量的形式存在的。在这个过程中，我们引入了一个关键的计算元素——cluster，它的主要目的是度量每个特征体素到其聚类中心的距离。这一距离度量作为附加特征被融入其中，旨在增强原有特征描述的丰富性与区分度。由于它本质上反映了三维空间中的相对位置，因此 cluster 自然以三维向量

(x,y,z) 的形式来呈现，它提供了每个体素到聚类中心的空间距离信息。

代码清单 7-42　前向函数中特征与体素之间的具体关联

```
def forward(self,
        features,
        num_points,
        coors,
        img_feats=None,
        img_metas=None):
    features_ls [features]
    # Find distance of x,y,and z from cluster center
    if self._with_cluster_center:
        points_mean = (
            features[:, :, :3].sum(dim-1,keepdim-True)/
            num_points.type_as(features).view(-1, 1, 1))
        f_cluster = features[:, :, :3] - points_mean
        features_ls.append(f_cluster) #
```

除了考虑聚类中心距离外，我们还纳入了每个体素到其所属体素柱中心的距离这一特征，同样是通过一个三维向量来表达。这为理解体素在三维空间中的精确布局提供了额外的线索。

原本每个体素原本携带有四维信息。随后，通过增加表示空间位置的两个三维向量：一个指向聚类中心，另一个指向体素柱中心，每个体素的特征维度加了两个三维向量，被拓展至十维。这一做法不仅保留了原有的几何形状与强度信息，还成功融入了关键的空间位置信息。

接下来，利用体素特征编码（VFE）模块（参见代码清单 7-43），将这些丰富的体素特征高效压缩至 64 维特征向量，此时每个向量都封装了密集的空间特征信息。

代码清单 7-43　VFE 模块

```
if not self.with_pts_bbox:
    return None
voxels, num_points, coors = self.voxelize(pts) # torch.Size([13909,64,4])
    torch.Sizs
voxel_features = self.pts_voxel_encoder(voxels,num_points,coors,
                            img_feats,img_metas) # [13909,64]
batch_size = coors[-1, 0] + 1
x = self.pts_middle_encoder(voxel_features, coors, batch_size) # [1, 64, 400, 400]
x = self.pts_backbone(x)
if self.with_pts_neck:
```

```
        x = self.pts_neck(x)
    return x
```

紧接着,这些三维体素特征通过 PointPillars Scatter 模块被巧妙地映射回二维的 BEV 网格中。映射过程确保了每个体素特征能够准确归位于其对应的 BEV 网格坐标上,从而可以构建出一张 400×400 尺寸的 BEV 特征图。

这一转换过程不仅极大地简化了视觉表达,还保留并突显了原始数据中的核心特征与空间关系。这为后续的环境理解和决策提供了直观且高效的信息载体。

每一个格子上的向量维度为 64 维。随后这些 64 维向量通过骨干网络进行特征提取,并经过颈部网络进行进一步的处理和融合。最终,我们得到了点云的 BEV 特征,利用这个特征可以进行目标检测,其流程与利用图像的 BEV 特征进行目标检测是一致的。

3. 融合模块

图像支路与点云支路完成后,即可进入融合模块,将前两个支路的信息进行合并,可以实现图像特征和点云特征的融合。

(1)训练的配置文件

融合模块需要从配置文件着手,因为配置文件明确了哪些特征将被融合,以及融合的方式和策略。

配置文件的文件名可以在训练脚本中找到,训练脚本的详细内容参见代码清单 7-44。而配置文件的具体内容,则详见代码清单 7-45。

代码清单 7-44　训练脚本

```
# then train BEVFusion
./tools/dist_train.sh configs/bevfusion/bevf_pp_2x8_1x_nusc.Py 8
```

代码清单 7-45　配置文件

```
final_dim=(450, 800) # H*M
downsample=8
voxel_size = [0.25, 0.25, 8]
imc=256
model = dict(
    type='BEVF_FasterRCNN',
    freeze_img=True,
    se=True,
```

```
lc_fusion=True,
camera_stream=True,
grid=0.5,
num_views=6,
final_dim=final_dim,
downsample=downsample,
imc=imc,
pts_voxel_layer=dict(
......
```

在特征提取模块中,按照输入数据的特性将数据智能地分配到不同的处理路径,具体逻辑如代码清单 7-46 所示。若输入数据仅包含图像数据而无点云信息,则会激活专为"纯图像支路"设计的特殊处理环节。相反,当存在点云数据且未独立提供点云 BEV 特征时,系统会转向"融合模块",重点解决视觉特征与点云特征的高效整合问题。

代码清单 7-46　系统根据输入数据的特性将数据智能地分配到不同的处理路径

```
if pts_feats is None:
    pts_feats = [img_bev_feat]
else:
    if self.lc_fusion:
        if img_bev_feat.shape[2:] !=pts_feats[0].shape[2:]:
            img_bev_feat -F.interpolate(img_bev_feat,pts_feats[0].shape[2:],mode
......
```

在融合模块中,一种简便的策略是维度对齐后直接拼接这两种异构的模态特征。这首先需要对图像特征的 BEV 维度进行调整,以确保其与点云特征的 BEV 维度相匹配。如有必要,可以缩放图像 BEV 特征至与点云特征相同的维度。维度一旦统一,即可执行拼接操作,将两者特征整合为一,此时特征的总通道数将增至 640 维(原图像特征 256 维与点云特征 384 维之和)。

为进一步优化特征,我们利用一系列卷积层对通道维度进行压缩,将 640 维特征降维至 384 维,提炼出更加精炼且富有表达力的特征。在此过程中,还嵌入了 SEBlock 这一挤压与激励块机制。该机制通过平均池化导出权重因子,并利用这些权重因子动态地调整特征通道的权重,从而实现特征的自适应增强。

最终,经过这一系列增强处理的特征会被反馈至"点特征"中,并输出包含图像特征、点云特征及深度特征在内的多元特征向量集,为后续的高层次分析与决策奠定坚实的基础。

（2）进入融合模块

从数据中提取的相应图像特征、点云特征、融合特征以及深度分布等信息，一并送入后续的检测头部分进行目标检测。这一过程属于通用操作，因此不再额外强调其具体细节，详见多模态模型训练的前向代码，如代码清单 7-47 所示。

代码清单 7-47　多模态模型训练的前向代码

```
def forward_train(self,
                  points=None,
                  img_metas=None,
                  gt_bboxes_3d=None,
                  gt_labels_3d=None,
                  gt_labels=None,
                  gt_bboxes=None,
                  img=None,
                  img_depth=None,
                  proposals=None,
                  gt_bboxes_ignore=None):
    feature_dict = self.extract_feat(
        points, img-img, img_metas=img_metas, gt_bboxes_3d-gt_bboxes_3d)
    img_feats = feature_dict['img_feats']
    pts_feats = feature_dict['pts_feats']
    depth_dist = feature_dict['depth_dist']
    losses = dict()
    if pts_feats:
        losses_pts = salf.forvard_pts_train(pts_feats, gt_bhoxes3d,
                                            gt_labels_3d, img_metas,
                                            gt_bboxes_ignore)
        losses.update(losses_pts)
```

7.3　环境搭建

前面讲了原理和代码，接下来介绍怎么在 Linux 环境下运行这些 BEVFusion 代码。

7.3.1　搭建 PyTorch 环境

BEVFusion 算法是基于 PyTorch 深度学习框架开发的，因此首先需要搭建一个稳定的

PyTorch 环境。

使用 conda 命令创建一个名为 BEVFusion 的 Python 环境，并指定 Python 版本为 3.8.3。然后激活该环境，并安装 PyTorch 及其相关依赖库。这里使用 PyTorch 1.8.0 版本，以及配套的 torchvision 和 torchaudio 库。同时，还需安装与 GPU 相匹配的 CUDA 工具包，以便在 GPU 上加速模型训练与推理。PyTorch 环境搭建如代码清单 7-48 所示。

代码清单 7-48　PyTorch 环境搭建

```
conda create -n bevfusion python=3.8.3
conda activate bevfusion
conda install pytorch==1.8.0 torchvision==0.9.0 torchaudio==0.8.0
    cudatoolkit=11.1 -c pytorch -c conda-forge
```

安装完成后，我们需要验证 PyTorch 环境是否搭建成功。通过 Python 解释器导入 torch 模块，并检查其版本号与安装时指定的是否一致。同时，还需要检查 CUDA 工具包是否可用，以确保模型能够在 GPU 上正常运行，如代码清单 7-49 所示。

代码清单 7-49　验证 PyTorch 环境是否搭建成功

```
python
import torch
torch.__version__
torch.version.cuda
torch.cuda.is_available()
exit()
```

7.3.2　安装 BEVFusion

接下来使用 git 命令从 GitHub 上克隆 BEVFusion 项目的源代码，如代码清单 7-50 所示，以安装 BEVFusion 算法及其相关依赖库。这将获取到算法的最新实现以及相关的配置文件和数据集。

代码清单 7-50　文件克隆 BEVFusion 项目的源代码

```
git clone https://github.com/ADLab-AutoDrive/BEVFusion.git
```

BEVFusion 算法还依赖一些其他的库和工具包，包括 MMCV、MMDetection 2D 和

MMDetection 3D 等。这些库提供了算法实现所需的基础功能和工具。我们需要按照项目的要求逐步安装这些库。首先，安装为计算机视觉研究提供基础功能的 MMCV 库，它包括图像处理、数据加载和模型训练等功能。我们可以直接通过 pip 命令安装指定版本的 MMCV 库，如代码清单 7-51 所示。

代码清单 7-51　安装 MMCV 库

```
#通过包安装
pip install mmcv_full-1.4.0-cp38-cp38-manylinux1_x86_64.whl
```

接下来，安装 MMDetection 2D 库。这是一个基于 PyTorch 的开源目标检测工具箱，提供了丰富的检测算法和工具。我们需要切换到 mmdetection-2.11.0 目录下，安装其所需的依赖项。然后，通过 pip 命令以可编辑模式安装该库，以便在后续开发中进行修改和调试。安装 MMDetection 2D 库的命令如代码清单 7-52 所示。

代码清单 7-52　安装 MMDetection 2D 库

```
#相应的安装文件已经在 BEVFusion 文件中了
cd mmdetection-2.11.0
pip install -r requirements/build.txt
pip install -v -e .
```

最后，安装 MMDetection 3D 库。与 MMDetection 2D 类似，这也是一个基于 PyTorch 的开源目标检测工具箱，但专注于三维目标检测任务。我们需要克隆 MMDetection 3D 项目的源代码，并切换到该目录下。然后，通过 python setup.py develop 命令以开发模式安装该库，如代码清单 7-53 所示。

代码清单 7-53　克隆 MMDetection 3D 项目的源代码

```
cd ..
git clone https://github.com/open-mmlab/mmdetection3d.git
cd mmdection3d
python setup.py develop
```

7.3.3　编译 BEVFusion 环境

安装完所有依赖库后，我们需要编译 BEVFusion 环境。首先切换到项目根目录下，并执行 python setup.py develop 命令，以编译并安装 BEVFusion 算法所需的模块和工具，如代码清单 7-54 所示。

代码清单 7-54　编译并安装 BEVFusion 算法所需的模块和工具

```
cd ..
python setup.py develop
```

为了训练和测试 BEVFusion 算法，我们需要准备相应的数据集。这里使用 nuScenes 数据集作为示例。首先，从官网下载 nuScenes 数据集，并将其放置在指定目录下。然后，运行数据格式转换脚本 tools/create_data.py，将初始的 nuScenes 数据格式转换为 BEVFusion 所需的数据格式。该步骤将生成一系列标注文件和图像文件，这些文件供算法训练和测试使用。运行数据格式转换代码如代码清单 7-55 所示。

代码清单 7-55　运行数据格式转换

```
#运行数据格式转换,把初始的 nuScenes 数据格式转换为 BEVFusion 需要的数据格式
python tools/create_data.py nuscenes --root-path ./data/nuscenes --out-dir
    ./data/nuscenes --extra-tag nuscenes
```

7.3.4　训练和测试 BEVFusion

在配置好环境和准备好数据之后，就可以训练和测试代码了。这里一般采用脚本的方式进行代码的训练和测试，即指向训练脚本（train.py 文件）和测试脚本（test.py）文件。训练脚本如代码清单 7-56 所示，测试脚本如代码清单 7-57 所示。

代码清单 7-56　训练脚本

```bash
#!/usr/bin/env bash

CONFIG=$1
GPUS=$2
PORT=$((RANDOM + 10000))

PYTHONPATH="$(dirname $0)/..":$PYTHONPATH \
python -m torch.distributed.launch --nproc_per_node=$GPUS --master_port=$PORT \
    $(dirname "$0")/train.py $CONFIG --launcher pytorch ${@:3}
```

代码清单 7-57　测试脚本

```bash
#!/usr/bin/env bash

CONFIG=$1
CHECKPOINT=$2
GPUS=$3
PORT=$((RANDOM + 10000))

PYTHONPATH="$(dirname $0)/..":$PYTHONPATH \
python -m torch.distributed.launch --nproc_per_node=$GPUS --master_port=$PORT \
    $(dirname "$0")/test.py $CONFIG $CHECKPOINT --launcher pytorch ${@:4}
```

7.4　本章小结

本章介绍了 BEVFusion 算法的原理、代码实现和环境搭建。首先阐述了 BEVFusion 的网络架构，接着以 nuScenes 数据集为例介绍了 BEVFusion 的模型训练和数据处理过程。此外，还描述了训练流程，包括配置文件设置、特征提取等步骤。最后介绍了如何搭建环境、安装模型，为实际应用提供了操作指南。

第 8 章

BEVFormer 实践

BEVFormer 算法相比前述的 BEVFusion 算法更偏向端到端的技术路线，二者的区别在于，BEVFusion 是采用 LSS 原理进行深度估计从而将图像特征转换到 BEV 空间进行融合的，而 BEVFormer 是采用 Transformer 模型来学习如何将图像特征直接映射到 BEV 空间的。也就是说，BEVFormer 更侧重于利用神经网络的自主学习能力，这使得算法在代码实现上更为简便。然而，这也意味着更多的细节被封装在了通过训练获得的模型参数之中。

BEVFormer 模型的代码实现非常灵活，它广泛使用配置文件来定义整个前向计算过程中涉及的各种基础模型的内部结构及其相互关系。这种设计允许基于同一套代码，通过更换不同的配置文件来实现多样化的功能。本章我们将深入分析 BEVFormer 的具体实现细节，了解其计算流程，并熟悉相应的系统配置。注意，本章中的 BEVFormer 模型用于表述神经网络的建模结果和模型结构，BEVFormer 算法表示该模型的计算过程。

8.1 代码详解

本节将深入探讨 BEVFormer 模型的计算流程，解读相关配置文件，并搭建系统环境，以期全面揭示该模型的原理与实现。

BEVFormer 的流程主要包括以下几个关键步骤。

1）特征提取：我们可使用骨干网络和颈部网络（例如 ResNet-101-DCN+FPN）来提取环视图像的多尺度特征。这一步可以从原始图像中捕获有用的信息，为后续处理打下基础。

2）编码器模块处理：编码器模块是 BEVFormer 的核心部分，使用预定义的网格状的 BEV 查询向量作为输入。它包含 6 个同样的编码器层。每个编码器层都由一个时序自注意力模块（Temporal Self-Attention，也称为时序注意力）和一个空间交叉注意力模块（Spatial Cross-Attention）组成。时序自注意力模块负责为不同时刻的 BEV 特征的依赖关系建模，使当前时刻的特征能够关注到前一个时刻的特征，以更好地利用时序信息。空间交叉注意力模块则用于不同相机视角之间的依赖关系的建模，这让当前时刻的特征能够关注到不同相机视角，从而实现多视角特征的融合。

3）BEV 特征生成：输入编码器模块的查询向量通过时序自注意力模块和空间交叉注意力模块进行更新和交互，最终生成并输出融合了时序信息和多视角信息的 BEV 特征。

4）3D 目标检测与定位：在得到 BEV 特征后，使用一个解码器模块（类似于 Deformable DETR），来完成 3D 目标的分类和定位任务。解码器模块能够从 BEV 特征中预测出 3D 目标的类别、位置和速度等信息。

5）输出结果：输出预测的 3D 目标检测结果，包括目标的类别、3D 边界框等。

8.1.1 数据处理

BEVFormer 的数据处理相对直观，因为它是一个纯视觉方案。其输入主要包括当前时刻的 6 个图像以及历史时刻的 6 个图像。这些数据共同构成了模型进行推理和预测的基础。

在运行 BEVFormer 之前，我们需要将数据集的数据处理成模型能够使用的形式。首先打开/docs 目录下的 prepare_dataset.md 文件，按照文件提示下载对应的车辆数据（can_bus）文件，指定文件夹路径，并将 nuScenes 数据集的相关文件妥善放置到对应的文件夹下。数据集下载、准备内容以及格式要求如代码清单 8-1 所示。

代码清单 8-1　数据集下载、准备内容以及格式要求

```
# 下载 can_bus.zip
unzip can_bus.zip
```

```
# 将 can_bus 移动到 data 目录中
python tools/create_data.py nuscenes --root-path ./data/nuscenes --out-
    dir ./data/nuscenes --extra-tag nuscenes --version v1.0 --canbus ./data
bevformer
├── data/
│   ├── can_bus/
│   ├── nuscenes/
│   │   ├── maps/
│   │   ├── samples/
│   │   ├── sweeps/
│   │   ├── v1.0-test/
│   │   ├── v1.0-trainval/
│   │   ├── nuscenes_infos_temporal_train.pkl
│   │   ├── nuscenes_infos_temporal_val.pkl
```

随后，从 nuScenes 官方网站下载所需数据并进行解压。根据格式要求使用 create_data.py 文件，并生成相应的 pkl 文件作为标注文件。

8.1.2 模型训练过程

完成了数据处理并生成了相应的 pkl 标注文件后，便可以开始进行 BEVFormer 模型的训练。模型训练的计算过程实际上也是模型的前向计算过程，我们可以通过该过程深入了解模型的具体计算细节和运作机制。

1. 模型配置文件

模型配置是训练的起点。首先从 /docs 目录下的 getting_started.md 文件着手。getting_started.md 文件是 BEVFormer 的项目开始指南。其中的训练代码如代码清单 8-2 所示。

代码清单 8-2 训练代码

```
./tools/dist_train.sh ./projects/configs/bevformer/bevformer_base.py 8
```

根据代码清单 8-2 中的代码路径打开 /projects/configs/bevformer，打开文件夹，会发现三种不同的配置文件：BEVFormer-base、BEVFormer-small 和 BEVFormer-tiny（以下分别简称为 base、small 和 tiny 版本）。它们分别对应基础、小型和微型三种不同规模的模型训练场景。BEVFormer-base 作为基础版本，提供了完备的网络结构和功能；BEVFormer-small 作为小型版本，在确保一定性能的同时，缩减了网络规模，更适合在资源有限的环境中使用；BEVFormer-tiny 作为微型版本，非常适用于快速原型验证或嵌入式系统等场景。表 8-1 详细展示了 BEVFormer 的 base、small、tiny 三种模型的资源占用情况和架构对比。

表 8-1　BEVFormer 不同版本的资源占用情况和架构对比

模型版本	base	small	tiny
显存要求	28 672MB	10 500MB	6700MB
骨干网络	R101-DCN	R101-DCN	R50
BEV 尺度	200×200	150×150	50×50
编码层	6	3	3
输入尺度	1600×900	(1600×900)×0.8	800×450
尺度特征大小	多尺度特征	单一尺度特征（C5）	单一尺度特征（C5）

首先我们解读一下 tiny 版本的配置文件，由于配置文件的内容比较多，我们采用逐段摘录并分析的方式。代码清单 8-3 所示的配置文件定义了 tiny 版本模型的基础框架，主要包括基础（base）配置（即基于 MMDetection3D 的默认设置）、插件（plugin）配置（代表了额外模块的导入和设置），以及点云范围（point_cloud_range）和体素尺寸（voxel size）。

代码清单 8-3　tiny 版本配置文件

```
_base_ = [
    '../datasets/custom_nus-3d.py',
    '.._base_/default_runtime.py'
]
plugin = True
plugin_dir = 'projects/mmdet3d_plugin/'
point_cloud_range = [-51.2, -51.2, -5.0, 51.2, 51.2, 3.0]
voxel_size = [0.2, 0.2, 8]
......
```

tiny 版本的参数及输入模态设置如代码清单 8-4 所示，包括：①图像正则化参数（img_norm_cfg），该参数涉及均值和标准差；②检测目标类别名称（class_names），这里设定了 10 种类别，例如汽车（car）、卡车（truck）等；③选择输入模态（input-modality）。从这些设置可以看出，BEVFormer 采用了纯视觉方案，即仅依赖摄像头作为输入设备，而不需要点云等其他模态数据。

代码清单 8-4　tiny 版本参数及输入模态设置

```
img_norm_cfg = dict(
    mean=[123.675, 116.28, 103.53], std=[58.395, 57.12, 57.375], to_rgb=True)
class_names = [
    'car', 'truck', 'construction_vehicle', 'bus', 'trailer', 'barrier',
    'motorcycle', 'bicycle', 'pedestrian', 'traffic_cone'
]
input_modality = dict(
    use_lidar=False,
    use_camera=True,
    use_radar=False,
    use_map=False,
    use_external=True)
.......
```

代码清单 8-5 是 BEVFormer 模型具体组成结构的定义，主要包括：骨干网络，采用 50 层的 ResNet 来提取图像特征；颈部网络，采用 2048 维度的输入通道的特征金字塔架构，在不同尺度上捕捉前面骨干网络输出的图像特征并传递给 Transformer，以获取最终的特征。

代码清单 8-5　BEVFormer 模型具体组成结构定义

```
model = dict(
    type='BEVFormer',
    use_grid_mask=True,
    video_test_mode=True,
    pretrained=dict(img='torchvision://resnet50'),
    img_backbone=dict(
        type='ResNet',
        depth=50,
        num_stages=4,
        out_indices=(3,),
        frozen_stages=1,
        norm_cfg=dict(type='BN', requires_grad=False),
        norm_eval=True,
        style='pytorch'),
    img_neck=dict(
        type='FPN',
        in_channels=[2048],
        out_channels=_dim_,
        start_level=0,
        add_extra_convs='on_output',
```

```
        num_outs=_num_levels_,
        relu_before_extra_convs=True),
......
```

代码清单 8-6 是 BEVFormer 的头部网络配置的参数设置,具体涉及以下几个参数。

1) BEV 尺寸(bev_h 和 bev_w):分别定义了生成的鸟瞰视图的高度与宽度。

2) 查询数量(num_query):表示在 DETR 风格的检测头中使用的查询的数量,在 BEVFormer 中,查询是生成预测的基础,这些查询通过交互获取特征,然后用于预测目标的位置和类别。如果将 num_query 设置为 900,则表示生成 900 个查询来预测目标。

3) 种类数量(num_classes):定义目标检测任务中的类别数,在这个例子中,模型被设置为识别 10 种不同的目标类别。

4) 输入通道维度(in_channels):对应前一级 FPN 输出的特征维度数量。

5) sync_cls_avg_factor、with_box_refine 和 as_two_stage:3 个开关量,分别定义了是否需要在多个 GPU 上同步类别损失的平均因子、是否启用边界框的逐步精炼,以及是否使模型以两阶段检测器的方式运行。

代码清单 8-6　BEVFormer 头部网络配置的参数设置

```
pts_bbox_head=dict(
    type='BEVFormerHead',
    bev_h=bev_h_,
    bev_w=bev_w_,
    num_query=900,
    num_classes=10,
    in_channels=_dim_,
    sync_cls_avg_factor=True,
    with_box_refine=True,
    as_two_stage=False,
    ......
```

代码清单 8-7 是 BEVFormer 的核心模块 Transformer 的结构定义,下面按定义的先后顺序对其进行讲解。

1) 定义该 Transformer 的类型。此处为感知型(Perception),感知型 Transformer 是 BEVFormer 的一种关键组件,负责将多视角的输入特征转换为 BEV 表示,其中结合了时序处理。

2）定义三个补偿开关。其中，rotate_prev_bev=True 启用旋转补偿，在车辆运动时，可以通过旋转补偿来对齐不同时间帧的 BEV 表示；use_shift=True 启用平移补偿，平移补偿类似于旋转补偿；use_can_bus=True 使用 CAN 总线数据补偿，该补偿常包括车辆的速度、方向、加速度等信息，用于帮助模型更好地理解车辆的运动状态，从而在多帧融合时能够更准确地对齐时序信息。

3）定义 Transformer 模块中的嵌入维度，即每个特征的通道数。通过 embed_dims=_dim_ 设置。

4）定义编码器（Encoder）。此处采用 3 层的 BEVFormerEncoder 编码器，该编码器包括多个 BEVFormerLayer 层，每一层中包含了两个关键的注意力机制：时序自注意力和空间交叉注意力。这两个机制是整个模型训练过程中最为重要的部分，它们分别用于捕捉和分析时间序列间以及空间位置间的关系。

5）定义解码器（Decoder）。此处采用广泛使用的 DETR 解码器结构，该解码器会输出 BEV 特征数据供后续处理和使用。

代码清单 8-7　Transformer 的结构定义

```
transformer=dict(
    type='PerceptionTransformer',
    rotate_prev_bev=True,
    use_shift=True,
    use_can_bus=True,
    embed_dims=_dim_,
    encoder=dict(
        type='BEVFormerEncoder',
        num_layers=3,
        pc_range=point_cloud_range,
        num_points_in_pillar=4,
        return_intermediate=False,
        transformerlayers=dict(
            type='BEVFormerLayer',
            attn_cfgs=[
                dict(
                    type='TemporalSelfAttention',
                    embed_dims=_dim_,
                    num_levels=1),
                dict(
                    type='SpatialCrossAttention',
                    pc_range=point_cloud_range,
```

```
                deformable_attention=dict(
                    type='MSDeformableAttention3D',
......
        decoder=dict(
            type='DetectionTransformerDecoder',
            num_layers=6,
            return_intermediate=True,
......
```

2. 网络模型的入口

BEVFormer 模型的入口位于 projects/mmdet3d_plugin/bevformer/detectors 目录下,其中有一个名为 bevformer.py 的文件。该文件主要定义了一个继承自 MVXTwoStageDetector 类的 BEVFormer 类。BEVFormer 类文件如代码清单 8-8 所示,从代码中可以看出,BEV-Former 本质上是一个基于 MMDetection3D 框架开发的检测器,文件的声明部分主要包含了用于初始化模型的参数,这些参数基本来自配置文件的定义,在此不再赘述。通过这些初始化参数,我们可以像搭积木一样逐步构建出完整的网络模型。一旦模型构建完成,就可以利用 BEVFormer 类的前向函数 forward() 进行前向推理计算流程。

代码清单 8-8　BEVFormer 类文件

```
@DETECTORS.register_module()
class BEVFormer(MVXTwoStageDetector):
                use_grid_mask=False,
                pts_voxel_layer=None,
                pts_voxel_encoder=None,
                pts_middle_encoder=None,
                pts_fusion_layer=None,
                img_backbone=None,
                pts_backbone=None,
                img_neck=None,
                pts_neck=None,
                pts_bbox_head=None,
                img_roi_head=None,
                img_rpn_head=None,
                train_cfg=None,
                test_cfg=None,
                pretrained=None,
                video_test_mode=False
......
```

BEVFormer 类的 forward( ) 函数代码实现如代码清单 8-9 所示，forward( ) 在这里只做了一个任务分配，根据是否返回损失值来决定是调用 BEVFormer 的前向训练函数 forward_train( ) 还是调用前向测试函数 forward_test( )。这里需要注意的是，测试函数只用于输出图像的检测结果，因此本节只讨论训练函数部分。

代码清单 8-9　forward( ) 函数的代码实现

```
def forward(self, return_loss=True, **kwargs):
    if return_loss:
        return self.forward_train(**kwargs)
    else:
        return self.forward_test(**kwargs)
```

forward_train( ) 函数的输入参数如代码清单 8-10 所示，包括用于对比验证的点云数据（point）、图像元信息（img_metas）、3D 和 2D 边界框标注信息（gt_bboxes_3d，gt_bboxes）、3D 和 2D 类别标注信息（gt_labels_3d，gt_labels）等。

代码清单 8-10　forward_train( ) 函数的输入参数

```
def forward_train(self,
                  points=None,
                  img_metas=None,
                  gt_bboxes_3d=None,
                  gt_labels_3d=None,
                  gt_labels=None,
                  gt_bboxes=None,
                  img=None,
                  proposals=None,
                  gt_bboxes_ignore=None,
                  img_depth=None,
                  img_mask=None,
                  ):
    ........
```

forward_train( ) 函数的具体实现过程如代码清单 8-11 所示。forward_train( ) 函数负责 BEVFormer 在训练期间的前向传播过程，它首先处理输入的图像序列，划分成当前帧和历史帧两部分，然后当前帧的图像特征，并结合历史 BEV 作为上下文信息，最后计算 3D 目标检测的损失。

代码清单 8-11　forward_train( )函数的代码实现

```
len_queue = img.size(1)
prev_img = img[:, :-1, ...]
img = img[:, -1, ...] # (1, 6, 3, 480, 800)
prev_img_metas = copy.deepcopy(img_metas)
prev_bev = self.obtain_history_bev(prev_img, prev_img_metas) # (1, 2500, 256)
img_metas = [each[len_queue-1] for each in img_metas]
if not img_metas[0]['prev_bev_exists']:
    prev_bev = None
img_feats = self.extract_feat(img=img, img_metas=img_metas)
losses = dict()
losses_pts = self.forward_pts_train(img_feats, gt_bboxes_3d,
                                    gt_labels_3d, img_metas,
                                    gt_bboxes_ignore, prev_bev)
```

3. 图像特征提取

骨干网络在图像处理或特征提取任务中发挥着核心作用，其主要职责是从输入数据中提取出关键信息。配置文件中所选用的骨干网络是基于 ResNet 的图形基础网络，详见代码清单 8-5。而颈部网络则是连接骨干网络和后续头部网络的关键。它采用了特征金字塔结构，该结构的主要功能是融合不同层次的特征信息。在此处，颈部网络的输入通道数为 2048，这一数值是由骨干网络输出的维度决定的。经过颈部网络的处理后的图像特征可以传入 Transformer 中进行进一步的处理。

要获取图像特征，首先需要获取历史的 BEV 特征。可以调用 obtain_history_bev( ) 函数接收图像队列（imgs_queue）以及图像信息列表（img_metas_list）等参数，计算并返回历史 BEV 特征，如代码清单 8-12 所示。在 obtain_history_bev( ) 函数内部，首先，要对 BEV 进行初始化。这是由于前一帧的 BEV 特征图在初始时是无值的。在初始化过程中，会利用图像的尺寸信息来确定 BEV 的尺度。这里的图像尺寸应与历史图像（prev_img）的尺寸保持一致，这样才能确保与后续处理环节的数据相匹配。随后，通过 shape 运算来获取与历史图像相匹配的尺寸，以适应后续的特征提取网络。在拥有了图像和图像队列后，即可将它们送入 extract_feat( ) 函数中进行特征提取。

代码清单 8-12　使用 obtain_history_bev( )函数接收参数

```
def obtain_history_bev(self, imgs_queue, img_metas_list):
    self.eval()
    with torch.no_grad():
```

```
    prev_bev = None
    bs, len_queue, num_cams, C, H, W = imgs_queue.shape
    imgs_queue = imgs_queue.reshape(bs*len_queue, num_cams, C, H, W)
    img_feats_list = self.extract_feat(img=imgs_queue, len_queue=len_queue)
    for i in range(len_queue):
        img_metas = [each[i] for each in img_metas_list]
        if not img_metas[0]['prev_bev_exists']:
            prev_bev = None
        img_feats = [each_scale[:, i] for each_scale in img_feats_list]
        prev_bev = self.pts_bbox_head(
            img_feats, img_metas, prev_bev, only_bev=True)
    self.train()
    return prev_bev
```

执行特征提取函数 extract_feat( ),如代码清单 8-13 所示。

代码清单 8-13　特征提取 extract_feat( ) 函数

```
@auto_fp16(apply_to=('img'))
def extract_feat(self, img, img_metas=None, len_queue=None):
    img_feats = self.extract_img_feat(img, img_metas, len_queue=len_queue)
    return img_feats
```

extract_img_feat( ) 函数用于接收输入图像以及对应的队列长度等参数,并返回图像特征,如代码清单 8-14 所示。该函数首先会检查输入图像 img 是否为空(即不是 None 值)。如果 img 不为空,则执行 if-else 逻辑,这里的网格掩码(grid mask)的主要功能是利用网格将图像中的特定区域进行屏蔽,并生成新的图像特征和输入。经过网格掩码处理过的图像随后会被送入骨干网络。

代码清单 8-14　extract_img_feat( ) 函数

```
def extract_img_feat(self, img, img_metas, len_queue=None):
    B = img.size(0)
    if img is not None:
        if img.dim() == 5 and img.size(0) == 1:
            img.squeeze_()
        elif img.dim() == 5 and img.size(0) > 1:
            B, N, C, H, W = img.size()
            img = img.reshape(B*N, C, H, W)
        if self.use_grid_mask:
            img = self.grid_mask(img)  # (12, 3, 480, 800)
        img_feats = self.img_backbone(img)
```

```
        if isinstance(img_feats, dict):
            img_feats = list(img_feats.values())
    else:
        return None
    if self.with_img_neck:
        ......
```

图像特征送入骨干网络后，特征尺寸变为 [12, 2048, 15, 25]。其中，2048 代表图像特征的维度，这与骨干网络（ResNet）的输出维度以及特征金字塔网络（即 FPN 模块）的输入维度相一致。在处理过程中，12 这一维度保持不变，而 [15, 25] 则是对图像进行下采样的结果。

经过骨干网络处理后的图像特征，会通过颈部网络进行进一步处理。在这个过程中，特征金字塔网络（FPN）模块扮演着多尺度特征融合的关键角色。完成 FPN 模块的处理后，输出通道的维度会由原先的 2048 维降低至 256 维。因此，图像特征的尺寸也会从 [12, 2048, 15, 25] 转变为 [12, 256, 15, 25]。

颈部网络会对图像特征 [12, 256, 15, 25] 进行重新排列，将输出通道的图像特征的尺寸从 [12] 这一维度打散，以将图像特征恢复成原始的输入形状。此外，设计 for 循环处理多尺度特征。实际上，输出并非单一的 [15, 25] 尺度，也包含 2 倍上采样得到的 [30, 50] 或更大的 [60, 100] 等不同尺度的特征。

需要说明的是，tiny 网络采用单一尺度策略，不存在多尺度特征的处理，因此 for 循环在 tiny 网络中无实际意义。设计 for 循环针对的是 base 配置文件中的网络结构。多尺度特征融合具体实现细节详见代码清单 8-15。

代码清单 8-15　多尺度特征融合具体实现

```
    if self.with_img_neck:
        img_feats = self.img_neck(img_feats)
    img_feats_reshaped = []
    for img_feat in img_feats:
        BN, C, H, W = img_feat.size()
        if len_queue is not None:
            img_feats_reshaped.append(img_feat.view(int(B/len_queue), len_queue,
                int(BN / B), C, H, W))
        else:
            img_feats_reshaped.append(img_feat.view(B, int(BN / B), C, H, W))
    return img_feats_reshaped
```

颈部网络获取所需帧的图像特征后,将进一步计算历史帧的 BEV 特征。如果存在历史 BEV 数据,也需要将这些数据补充到计算过程中。这里使用了 pts_bbox_head() 函数,通过配置文件在 BEVFormer 的 head 类中进行使用,该类位于 projects 文件夹中。pts_bbox_head() 函数的具体实现详见代码清单 8-16。经过计算得到图像特征和历史 BEV 特征后,便可将它们传入 Transformer 中进行进一步的处理。

代码清单 8-16　pts_bbox_head()

```
for i in range(len_queue):
    img_metas = [each[i] for each in img_metas_list]
    if not img_metas[0]['prev_bev_exists']:
        prev_bev = None
    img_feats = [each_scale[:, i] for each_scale in img_feats_list]
    prev_bev = self.pts_bbox_head(
                img_feats, img_metas, prev_bev, only_bev=True)
    self.train()
    return prev_bev
```

4. Transformer 处理得到 BEV 特征

Transformer 集成于 BEVFormer 头部 (head) 模块中,首先我们介绍 BEVFormer 头部模块的 forward() 函数,如代码清单 8-17 所示 (该模块位于 projects/mmdet3d_plugin/bevformer/dense_heads/bevformer_head.py 文件下),forward() 函数包含了多个重要的组成部分。

代码清单 8-17　BEVFormer 头部模块的 forward() 函数

```
@auto_fp16(apply_to=('mlvl_feats'))
def forward(self, mlvl_feats, img_metas, prev_bev=None, only_bev=False):
    bs, num_cam, _, _, _ = mlvl_feats[0].shape
    dtype = mlvl_feats[0].dtype
    object_query_embeds = self.query_embedding.weight.to(dtype)
    bev_queries = self.bev_embedding.weight.to(dtype)
    bev_mask = torch.zeros((bs, self.bev_h, self.bev_w),
                            device=bev_queries.device).to(dtype)
    bev_pos = self.positional_encoding(bev_mask).to(dtype)
    if only_bev:
        return self.transformer.get_bev_features(
            ......
```

首先是物体查询（Object Query），它由查询向量组成，每个查询向量的维度为 512。这些查询向量在网络中扮演着关键角色，用于提取和表示目标的特征。

其次是 BEV 查询，它专门用于提取当前位置的 BEV 特征。与物体查询类似，BEV 查询也有一系列 BEV 查询向量。这些查询向量通过初始化函数生成，数量与 BEV 空间的尺寸密切相关。例如，当 BEV 空间为 [50,50] 时，意味着会有 2500 个 BEV 查询。每个查询向量的特征维度为 256，因此 BEV 查询的最终维度为 [2500,256]。

此外，还有 BEV 掩码，它是一个与 BEV 空间尺寸相同的矩阵，用于标记哪些区域需要保留（值为 1），哪些区域需要屏蔽（值为 0）。在计算 BEV 特征时，BEV 掩码与 BEV 特征空间相乘，可以使保留区域的特征得以保留，而屏蔽区域的特征被忽略。

最后，还有 BEV 位置编码，可以更准确地表示 BEV 空间中每个位置的信息。位置编码的数量与 BEV 查询的数量一致，其维度为 [1,256,50,50]，即每个 BEV 空间中的位置都有一个 256 维的位置编码向量。这些位置编码信息有助于网络更好地理解 BEV 空间中的位置关系。

forward() 函数会根据 only_bev 参数的值来决定后续的操作。如果 only_bev 被设定为 True，那么程序会步入一个特定的代码分支，这个分支专门用于获取并返回 BEV 特征。若 only_bev 的值为 False，程序则会转至 else 部分，进而启动 Transformer 流程。

Transformer 流程对输入数据进行了详尽且复杂的转换与处理，其中涉及了多尺度的特征融合以及自注意力机制的巧妙运用等。在这一流程中，BEV 特征的提取工作是在 get_bev_feature() 函数内部完成的。该函数内部集成了一系列的特定操作，这些操作专门用于 BEV 特征的提取与处理，见代码清单 8-18。

代码清单 8-18　BEV 特征的提取与处理

```
if only_bev:
    return self.transformer.get_bev_features(
        mlvl_feats,
        bev_queries,
        ......
else:
    outputs = self.transformer(
        ......
```

执行 get_bev_feature() 函数时需要传入一系列参数，包括之前从图像中提取的特征、

BEV 查询以及构建的 BEV 尺度等。get_bev_feature( ) 函数会利用传入的参数，通过一系列的计算和变换，最终得到所需的 BEV 特征。这些特征是对 BEV 空间中每个位置信息的精确表示。详见代码清单 8-19。

代码清单 8-19　get_bev_feature( ) 函数

```
@auto_fp16(apply_to=('mlvl_feats', 'bev_queries', 'prev_bev', 'bev_pos'))
    def get_bev_features(
        self,
        mlvl_feats,
        bev_queries,
        bev_h,
        ......
        return bev_embed
```

5. BEVFormer 编码器

BEV 编码器能够将输入数据（如来自多个传感器或不同时间点的数据）转换为一种统一的、富含信息的 BEV 特征表示。这种特征表示能够捕捉并整合输入数据中的关键信息，包括物体的位置、形状、运动状态以及它们之间的时空关系等。生成 BEV 特征首先要进行 BEV 编码，编码过程的基础层是 BEVFormerLayer，它共分为三个层级。每一层级都集成了不同的注意力机制模块，具体包括时序自注意力模块、空间交叉注意力模块和可形变注意力模块，详见代码清单 8-20。这些模块的设计旨在捕获输入数据中不同维度的信息。通过这些模块的共同作用，能够使得 BEV 编码器有效地提取和利用输入数据中的丰富特征。

代码清单 8-20　BEVFormer 编码器的三个关键模块

```
dict(
    type='TemporalSelfAttention',
    embed_dims=_dim_,
    num_levels=1),
dict(
    type='SpatialCrossAttention',
    pc_range=point_cloud_range,
    deformable_attention=dict(
        type='MSDeformableAttention3D',
        embed_dims=_dim_,
        num_points=8,
```

```
            num_levels=_num_levels_),
        embed_dims=_dim_,
        ......
```

时序自注意力模块要处理时序维度上的信息，捕捉序列数据中的时序依赖关系，从而使模型能够更好地理解时间序列的变化和趋势。空间交叉注意力模块则聚焦于空间维度上的信息交互，有助于模型理解不同空间位置间的关联，并提取出空间上的特征信息。可形变注意力模块能够根据输入数据的特征动态地调整注意力权重，进一步提高模型的表征能力和适应性。

实际上 BEVFormer 编码器包含了一个或多个 BEVFormerLayer。这些 BEVFormerLayer 内部集成了 TSA、SCA 等关键模块，共同构成了 BEVFormer 强大的编码能力。

在 BEV 编码器（在 projects/mmdet3d_plugin/bevformer/modules/encoder.py 文件中）中，可以看到 encoder 模块的 forward() 函数，如代码清单 8-21 所示。该函数负责处理输入数据并输出编码后的特征表示。在 forward() 函数接收的多个参数中，每个参数都与 transformer 流程中的函数相对应。

代码清单 8-21　encoder 模块的 forward() 函数

```
@auto_fp16()
def forward(self,
            bev_query,
            key,
            value,
            *args,
            bev_h=None,
            bev_w=None,
            bev_pos=None,
            spatial_shapes=None,
            level_start_index=None,
            valid_ratios=None,
            prev_bev=None,
            shift=0.,
            **kwargs):
......
ref_3d = self.get_reference_points(
......
reference_points_cam, bev_mask = self.point_sampling(
......
```

其中一个重要的参数 shift，它代表在 BEV 空间中历史 BEV 与当前 BEV 之间的平移距离。通过计算平移变化，我们能够精确地描述不同时间步长下，BEV 特征在 BEV 空间上的演变。这一机制对于理解 BEV 特征随时间变化的趋势至关重要。

6. 生成参考点并转换到相机坐标系

参考点是不同来源的图像时空特征能够进行对齐、转换和融合的关键基准。相机坐标系是一个常用的坐标系，它描述了相机视野中的点映射到图像平面上的信息。将参考点转换到相机坐标系可以确保我们在后续的注意力机制计算中使用的是与相机视角一致的坐标，这对于准确地理解场景和进行特征匹配至关重要。

计算 3D 参考点（ref_3d）和 2D 参考点（ref_2d）的过程详见代码清单 8-22。这两个参考点集在后续的注意力机制中扮演着关键角色。其中，ref_3d 用于计算空间位置的注意力机制，它关注不同空间位置之间的关联，这有助于模型理解场景的三维结构。ref_2d 用于计算时序维度的注意力机制，它关注不同时间步长之间的关联，这对于理解动态场景和预测未来状态非常重要。

代码清单 8-22　计算 3D 参考点和 2D 参考点

```
output = bev_query
intermediate = []
ref_3d = self.get_reference_points(
    bev_h, bev_w, self.pc_range[5]-self.pc_range[2], self.num_points_in_pillar,
        dim='3d', bs=bev_query.size(1), device=bev_query.device, dtype=bev_
        query.dtype)
ref_2d = self.get_reference_points(
    bev_h, bev_w, dim='2d', bs=bev_query.size(1), device=bev_query.device, dtype=
        bev_query.dtype)
......
```

get_reference_points() 函数的主要作用是获取参考点，该函数接收多个参数。其中，高度（H）和宽度（W）代表 BEV 空间的尺寸，均被设定为 50，也就是说 BEV 空间的尺寸是 [50,50]。而 Z 参数为点云的高度范围，其值为 8，对应于点云空间中 [-3,5] 的范围。

num_points_in_pillar 参数被设定为 4。这里的 pillar 可以理解为 BEV 空间中的每个垂直区域或柱子。设定为 4 则说明每个柱子采样的点的数目是 4。

get_reference_ points 函数是 BEVFormerEncoder 类的一个静态方法，其实现详见代码清单 8-23。静态方法可以直接通过类名和方法名调用，不需要先生成对象和额外开辟内存区域，常用于不需要存储内部过程状态的场景。

代码清单 8-23　静态方法定义

```
@staticmethod
def get_reference_points(H, W, Z=8, num_points_in_pillar=4, dim='3d', bs=1,
        device='cuda', dtype=torch.float):
```

get_reference_ points 函数可以生成针对空间的 3D 参考点和针对时序的平面参考点，具体实现详见代码清单 8-24。如果该函数使用 3D 维度进行计算，它会返回与 3D 相关的值；否则，会返回 2D 的值。ref_3d 代表 3D 位置坐标，这些 3D 位置坐标用在空间注意力机制中。

代码清单 8-24　BEVFormerEncoder 类的 get_reference_ points

```
if dim == '3d':
    zs = torch.linspace(0.5, Z - 0.5, num_points_in_pillar, dtype=dtype,
                    device=device).view(-1, 1, 1).expand(num_points_in_
                        pillar, H, W) / Z
    xs = torch.linspace(0.5, W - 0.5, W, dtype=dtype,
                    device=device).view(1, 1, W).expand(num_points_in_
                        pillar, H, W) / W
    ys = torch.linspace(0.5, H - 0.5, H, dtype=dtype,
                    device=device).view(1, H, 1).expand(num_points_in_
                        pillar, H, W) / H
    ref_3d = torch.stack((xs, ys, zs), -1)
    ref_3d = ref_3d.permute(0, 3, 1, 2).flatten(2).permute(0, 2, 1)
    ref_3d = ref_3d[None].repeat(bs, 1, 1, 1)
    return ref_3d
elif dim == '2d':
    ref_y, ref_x = torch.meshgrid(
    torch.linspace(
                0.5, H - 0.5, H, dtype=dtype, device=device),
    torch.linspace(
                0.5, W - 0.5, W, dtype=dtype, device=device)
        )
    ref_y = ref_y.reshape(-1)[None] / H
    ref_x = ref_x.reshape(-1)[None] / W
```

```
    ref_2d = torch.stack((ref_x, ref_y), -1)
    ref_2d = ref_2d.repeat(bs, 1, 1).unsqueeze(2)
    return ref_2d
```

与 3D 坐标点相比，2D 坐标点的计算过程更为简单。因为 3D 坐标点考虑的是空间位置的采样，涉及一个 pillar 的计算过程，而 2D 坐标点只需要在 BEV 空间进行采样即可。采样完成后，同样需要按照点云空间的大小进行归一化处理。之后，就可以得到参数 ref_2d。

参考点将空间和平面进行了划分，于是相当于有了坐标系，具体的图像还需要在这个坐标系中找到自己的定位，这部分功能由 point_sampling 函数完成。point_sampling 函数的作用是将 ref_3d 点映射到图像上，以实现空间点与图像点的有效关联，为后续的特征融合提供基础。

point_sampling 函数的实现细节详见代码清单 8-25，它利用一系列预先定义的转换矩阵来完成坐标系的转换和投影操作。其中一种名为"激光雷达到图像的旋转矩阵"（lidar2img），负责将点云坐标系中的点转换到相机坐标系，并最终投影到图像上。

"激光雷达到图像的旋转矩阵"并非直接计算得出，而是由多个转换矩阵组合而成。首先，通过"激光雷达到自车"（lidar2ego）的转换矩阵将点云坐标系转换到自车坐标系；然后，利用"自车到相机"（ego2global）的转换矩阵进一步转换到相机坐标系；最终，通过相机内参将相机坐标系中的点投影到图像上。

在利用"激光雷达到图像"（lidar2img）的转换矩阵投影之前，需要先将归一化的参考点恢复为点云坐标系下的表示。由于参考点是以比例的形式给出的，因此需要乘以对应的点云空间的大小并加上点云的初始位置来完成这一恢复过程。代码中标注的转换矩阵正是用于执行这一恢复操作的，它们分别对不同维度的信息进行处理，最终得到点云坐标系下的参考点。

此时，数据格式从三维拓展为四维坐标，以便与"雷达到图像旋转矩阵"进行投影计算。

代码清单 8-25　point_sampling 函数实现

```
@force_fp32(apply_to=('reference_points', 'img_metas'))
def point_sampling(self, reference_points, pc_range, img_metas):
    lidar2img = []
    for img_meta in img_metas:
```

```
            lidar2img.append(img_meta['lidar2img'])
        lidar2img = np.asarray(lidar2img)
        lidar2img = reference_points.new_tensor(lidar2img)
        reference_points = reference_points.clone()
        reference_points[..., 0:1] = reference_points[..., 0:1] * \
            (pc_range[3] - pc_range[0]) + pc_range[0]
        reference_points[..., 1:2] = reference_points[..., 1:2] * \
            (pc_range[4] - pc_range[1]) + pc_range[1]
        reference_points[..., 2:3] = reference_points[..., 2:3] * \
            (pc_range[5] - pc_range[2]) + pc_range[2]
        reference_points = torch.cat(
            (reference_points, torch.ones_like(reference_points[..., :1])), -1)
```

上述步骤进行了维度的变换处理，按照相机的维度对参考点进行了扩展。接下来，也需要对旋转矩阵进行相应的扩展。将扩展后的参考点与旋转矩阵结合，可以计算参考点的位置（详见代码清单8-26），得到相机下的参考点在相机图像上所对应的像素位置。

代码清单8-26　计算参考点位置

```
reference_points = reference_points.permute(1, 0, 2, 3)
    D, B, num_query = reference_points.size()[:3]
    num_cam = lidar2img.size(1)
    reference_points = reference_points.view(
        D, B, 1, num_query, 4).repeat(1, 1, num_cam, 1, 1).unsqueeze(-1)
    lidar2img = lidar2img.view(
        1, B, num_cam, 1, 4, 4).repeat(D, 1, 1, num_query, 1, 1)
    reference_points_cam = torch.matmul(lidar2img.to(torch.float32),
                                        reference_points.to(torch.float32)).
                                            squeeze(-1)
    eps = 1e-5

    bev_mask = (reference_points_cam[..., 2:3] > eps)
    reference_points_cam = reference_points_cam[..., 0:2] / torch.maximum(
        reference_points_cam[..., 2:3], torch.ones_like(reference_points_cam
            [..., 2:3]) *eps)
    reference_points_cam[..., 0] /= img_metas[0]['img_shape'][0][1]
    reference_points_cam[..., 1] /= img_metas[0]['img_shape'][0][0]
```

以上得到的像素位置结果的前三维 ud、vd 和 D，它们与相机图像上的像素位置有关。ud 和 vd 分别代表转换后的 2D 图像坐标系中的横坐标和纵坐标。D 代表深度信息，即参考点在 3D 空间中的 Z 轴坐标。

我们首先将 ud 和 vd 分别除以 D，得到实际的二维的 UV 坐标。UV 值是一个绝对值，表示像素的具体位置。为方便后续处理，我们对这个 UV 值进行了归一化，将其转换为了一个比例值，这个比例值落在 0 到 1 的区间内。

最后，我们利用这个归一化后的 UV 值来判断参考的点是否落在对应的图像上。如果 UV 的比例值落在 0 到 1 的区间内，我们就认为该点落在了二维图像平面上；否则认为该点并未落在图像上。基于这一判断，我们可以得到 BEV 掩码，用于标识哪些点成功投影到了图像上的点。

在整个过程中，我们利用 point_sampling 函数实现从 3D 空间到 2D 图像的投影，并得到相应的比例值和 BEV 掩码。

如上所述，BEV 掩码的主要作用在于评估当前图像和 3D 参考点是否成功投影到了对应的二维平面上。计算 BEV 掩码的过程详见代码清单 8-27。具体来说，当某个 3D 参考点成功投影到图像上时，对应的 BEV 掩码值为 1；反之，投影失败或未落在图像范围内，对应的 BEV 掩码值为 0。

代码清单 8-27　计算 BEV 掩码

```
bev_mask = (bev_mask & (reference_points_cam[..., 1:2] > 0.0)
           & (reference_points_cam[..., 1:2] < 1.0)
           & (reference_points_cam[..., 0:1] < 1.0)
           & (reference_points_cam[..., 0:1] > 0.0))
if digit_version(TORCH_VERSION) >= digit_version('1.8'):
    bev_mask = torch.nan_to_num(bev_mask) # nan->number, default 0
else:
    bev_mask = bev_mask.new_tensor(
        np.nan_to_num(bev_mask.cpu().numpy()))
reference_points_cam = reference_points_cam.permute(2, 1, 3, 0, 4)
bev_mask = bev_mask.permute(2, 1, 3, 0, 4).squeeze(-1)
return reference_points_cam, bev_mask
```

通过特定的函数处理，我们可以获得两个关键输出：一是图像点云参考点，表示 3D 点经过投影变换后投影在 2D 图像上的对应位置；二是 BEV 掩码，作为一个评估指标标识那些 3D 坐标点成功映射到了 2D 坐标平面上。

7. 坐标转换与时序偏移量计算

在完成 point_sampling 函数的执行流程后，我们计算出了 3D 参考点在 2D 图像上的投影点，并据此生成了相应的 BEV 掩码。这一过程标志着对 3D 参考点的处理阶段性完成。随后，我们将注意力转移到 2D 参考点的处理上。

(1) 2D 参考点的时序偏移量计算

在 2D 层面，我们主要考虑的是时序变化，特别是 2D 参考点偏移（shift）量的计算，通过如代码清单 8-28 所示的计算过程，我们可以得到 2D 参考点的偏移量（shift_ref_2d），这个偏移量反映了 2D 点随时间的位移情况。

完成上述计算后，我们得到了后续所需的两个关键参考点：图像的参考点和 shift_ref_2d。这两个量是后续处理和分析的基础。

在代码清单 8-28 中，我们还回顾了之前得到的一些量，如 BEV 查询和 BEV 位置，它们的维度已经过转换，变为 [1,2500,256]。当存在历史 BEV（pre_bev）时，将其与当前 BEV 进行叠加。这种叠加操作按照第一维进行与 BEV 查询的堆叠，最终得到了一个 [2,2500,256] 的量，作为当前历史 BEV 的值。

代码清单 8-28　2D 参考点偏移量的计算与处理

```
shift_ref_2d = ref_2d
shift_ref_2d += shift[:, None, None, :]
bev_query = bev_query.permute(1, 0, 2)
bev_pos = bev_pos.permute(1, 0, 2)
bs, len_bev, num_bev_level, _ = ref_2d.shape
if prev_bev is not None:
    prev_bev = prev_bev.permute(1, 0, 2)
    prev_bev = torch.stack(
        [prev_bev, bev_query], 1).reshape(bs*2, len_bev, -1)
    hybird_ref_2d = torch.stack([shift_ref_2d, ref_2d], 1).reshape(
        bs*2, len_bev, num_bev_level, 2)
else:
    hybird_ref_2d = torch.stack([ref_2d, ref_2d], 1).reshape(
        bs*2, len_bev, num_bev_level, 2)
```

(2) TSA 模块和 SCA 模块参数的准备与传递

除了上述参数外，hybrid_ref_2d 也是需要考虑的参数之一。这些参数后续将输入到 TSA 模块和 SCA 模块中。一旦拥有了这些参数，我们就可以开始构造所需的层（即 layer 参数）了。

向解码层传递的参数用于与自注意力机制中的目标（key）和值（value）进行交互。

目标和值实际上是从输入图像中提取出来的，用于注意力计算。向解码层传递的参数详见代码清单 8-29，其中主要的参数说明如下。

1）bev_pos 是 BEV 位置编码，提供了 BEV 空间中每个位置的信息，为模型注入了位置感知能力。

2）ref_2d 是二维坐标，供 TSA 模块使用。它帮助模型捕捉时序上的依赖关系，使模型能够更好地处理时间序列数据。

3）ref_3d 是三维坐标，供 SCA 模块使用。它提供了三维空间中的位置信息，使模型能够在空间维度上进行交叉注意力计算。

4）bev_h 和 bev_w 分别定义了 BEV 特征图的尺寸，该尺寸决定了 BEV 特征图的形状和大小。

5）spatial_shapes 和 start_index 是与空间尺寸和起始索引相关的参数。它们对于正确解析和处理空间数据非常重要，可以确保数据在空间维度上的正确对齐和索引。

6）reference_points_cam 是从 3D 空间投影到 2D 图像上的相机坐标点。它们提供了从三维到二维的精确映射，使模型能够将三维空间中的点与二维图像上的点对应起来。

7）bev_mask 是一个掩码，用于标识哪些点应该参与后续的计算。它能够过滤掉无效或不需要的点，提高计算效率。

8）prev_bev 表示历史 BEV 信息，它提供了前一时刻的 BEV 特征，使模型能够利用历史信息来增强当前时刻的预测和推理能力。

通过迭代地更新和传递这些参数，模型能够在自注意力机制的指导下逐步构建出丰富的特征表示，用于后续的预测和推理任务。

代码清单 8-29　向解码层传递的参数

```
for lid, layer in enumerate(self.layers):
    output = layer(
        bev_query,
        key,
        value,
        *args,
        bev_pos=bev_pos,
        ref_2d=hybird_ref_2d,
        ref_3d=ref_3d,
        bev_h=bev_h,
        bev_w=bev_w,
```

```
                spatial_shapes=spatial_shapes,
                level_start_index=level_start_index,
                reference_points_cam=reference_points_cam,
                bev_mask=bev_mask,
                prev_bev=prev_bev,
                **kwargs)
            bev_query = output # (1, 2500, 256)
            if self.return_intermediate:
                intermediate.append(output)
        if self.return_intermediate:
            return torch.stack(intermediate)
        return output
```

（3）解码层的构建与前向推理

构建解码层时，我们采用 BEVFormerLayer 函数。当进行 self.layer 的前向推理时，前面提到的所有参数都将被传递给 BEVFormerLayer 的 forward( ) 函数。解码器的 forward( ) 函数详见代码清单 8-30。

代码清单 8-30　解码器的 forward( ) 函数

```
def forward(self,
            query,
            key=None,
            value=None,
            bev_pos=None,
            query_pos=None,
            key_pos=None,
            attn_masks=None,
            query_key_padding_mask=None,
            key_padding_mask=None,
            ref_2d=None,
            ref_3d=None,
            bev_h=None,
            bev_w=None,
            reference_points_cam=None,
            mask=None,
            spatial_shapes=None,
            level_start_index=None,
            prev_bev=None,
            **kwargs):
```

通过 BEVFormerLayer 的构建和 forward 函数的执行，我们能够利用这些参数进行包括 BEV 特征提取、时序和空间注意力计算、特征融合等一系列关键步骤。这一系列步骤是模型处理输入数据并产生输出的核心过程，它们共同确保了模型能够准确地理解和响应输入信息。

（4）注意力机制与查询处理

多个解码层构成解码器，解码器的核心任务是构建注意力机制，以根据查询（query）对输入信息（即键 key 和值 value）进行加权。在解码器的应用场景中，查询通常源自上一个时间步的输出或解码器的初始状态，它指示了模型当前应当聚焦的信息。

在解码器的前向推理流程中，部分初始化变量被设为 0，这些初始化操作对后续的计算无实质性影响。关键参数的初始化细节，请参见代码清单 8-31。同时，诸如 attn_masks 等参数之所以被设置为 None，是因为在当前上下文中，这些变量的具体值并非关注重点。

代码清单 8-31　初始化关键参数

```
norm_index = 0
attn_index = 0
ffn_index = 0
identity = query
if attn_masks is None:
    attn_masks = [None for _ in range(self.num_attn)]
elif isinstance(attn_masks, torch.Tensor):
    attn_masks = [
        copy.deepcopy(attn_masks) for _ in range(self.num_attn)
    ]
    warnings.warn(f'Use same attn_mask in all attentions in '
                  f'{self.__class__.__name__} ')
else:
    assert len(attn_masks) == self.num_attn, f'The length of ' \
              f 'attn_masks {len(attn_masks)} must be equal ' \
              f 'to the number of attention in ' \
              f 'operation_order {self.num_attn}'
```

在此步骤中，模型会根据 operation_order 变量的指示，决定先执行自注意力还是交叉注意力。自注意力模块负责处理查询与输入序列内部的关系，帮助模型理解输入序列的结构。而交叉注意力模块则处理查询与外部信息（例如编码器的输出）的关系，使模型能够聚焦于与当前查询最相关的外部信息。

代码清单 8-32 展示了 operation_order 定义各个操作层的执行顺序，包含自注意力层（self_attn）、层归一化（norm）、交叉注意力层（cross_attn）以及前馈网络层（ffn）等关键步骤。接下来，我们将详细介绍这些操作层在解码层中的具体处理方式，并重点关注注意力部分。

代码清单 8-32　operation_order 定义各个操作层的执行顺序

```
operation_order=('self_attn', 'norm', 'cross_attn', 'norm',
                 'ffn', 'norm'),
......
```

注意力部分涉及 TSA 模块的时序自注意力机制以及 SCA 模块的交叉注意力机制。

TSA 模块通过计算输入序列中不同位置之间的依赖关系来捕捉时序信息。它允许模型在处理每个位置时都能考虑到整个序列的信息，从而有效地捕获时序上的上下文依赖。

而 SCA 模块则关注于不同特征空间之间的交互。它能帮助模型在处理某个特征空间时，参考其他特征空间的信息，从而实现跨空间的特征融合和交互。这种机制对于模型理解和整合来自不同空间的信息来说至关重要。

首先，attentions 函数的时序自注意力机制部分传递了多个关键参数。其中的查询（query）是当前 BEV 空间的查询量，如果存在历史 BEV，则需要传递历史 BEV 作为查询的一部分，不存在则传递 None。同时，attentions 函数还传递了查询姿态、BEV 姿态、BEV 的位置编码（key_pos）、参考点 ref_2d 的值，以及 BEV 空间的大小、尺寸等信息。注意力计算如代码清单 8-33 所示。

代码清单 8-33　注意力计算

```
query = self.attentions[attn_index](
            query,
            prev_bev,
            prev_bev,
            identity if self.pre_norm else None,
            query_pos=bev_pos,
            key_pos=bev_pos,
            attn_mask=attn_masks[attn_index],
            key_padding_mask=query_key_padding_mask,
```

```
                reference_points=ref_2d,
                spatial_shapes=torch.tensor(
                    [[bev_h, bev_w]], device=query.device),
                level_start_index=torch.tensor([0], device=query.device),
                **kwargs)
            attn_index += 1
            identity = query
```

在执行了上述操作后,程序流程跳转到了 MyCustomBase Transformer Layer 的 forward( ) 函数,该函数位于 mmdet3d_plugin/bevformer/modules 目录下的 custom_base_transformer_layer.py 文件中。forward( ) 函数是神经网络层进行前向传播的核心函数,它接收了一系列参数,如代码清单 8-34 所示,包括查询(query)、历史 BEV(如果存在)、查询姿态、BEV 姿态、BEV 的位置编码(key_pos)、参考点(ref_2d)以及 BEV 空间的大小和尺寸等信息。这些参数共同作用于注意力机制的计算过程,使得模型能够捕捉到输入序列中的时序信息和不同特征空间之间的交互信息。需要说明的是,这些参数与前面所提及的待传入参数是一一对应的,以确保数据的正确传递和处理。

代码清单 8-34　forward( ) 函数

```
def forward(self,
            query,
            key=None,
            value=None,
            identity=None,
            query_pos=None,
            key_padding_mask=None,
            reference_points=None,
            spatial_shapes=None,
            level_start_index=None,
            flag='decoder',
            **kwargs):
```

forward( ) 函数在执行过程中,会根据输入参数的不同情况处理查询向量,详见代码清单 8-35。可以看到,如果参数 value 为 None,forward( ) 函数则会赋予其一个默认值;同样,如果初始量为 None,forward( ) 函数也会为其分配一个默认值。此外,当查询姿态不为 None 时,函数会执行特定的操作。

代码清单 8-35　处理查询向量

```
if value is None:
        assert self.batch_first
        bs, len_bev, c = query.shape
        value = torch.stack([query, query], 1).reshape(bs*2, len_bev, c) #
            (2, 2500, 256)
    if identity is None:
    identity = query # (1, 2500, 256)
    if query_pos is not None:
        query = query + query_pos
    if not self.batch_first:
        query = query.permute(1, 0, 2)
        value = value.permute(1, 0, 2)
    bs,  num_query, embed_dims = query.shape
    _, num_value, _ = value.shape
    assert (spatial_shapes[:, 0] *spatial_shapes[:, 1]).sum() == num_value #
        50 *50 = 2500
    assert self.num_bev_queue == 2
```

在处理过程中，查询经过了一个特殊的组合步骤。具体而言，查询将 value 作为它的一部分，与原始的查询进行拼接操作，形成了一个新的查询，详见代码清单 8-36。这个拼接操作是在最后一个维度上进行的。如果原始的查询维度是［1，2500，256］，那么经过拼接后的新查询维度将变为［1，2500，521］。

代码清单 8-36　形成新的查询

```
query = torch.cat([value[:bs], query], -1) # pre_query & query, (1, 2500, 512),
    cat_dim= -1
        value = self.value_proj(value) # (2, 2500, 256)
```

同时，value 在处理过程中还经过了一个线性层，即 value_ proj( ) 函数，它负责对 value 进行线性处理。尽管 value 经过了这个线性层处理，但其通道数并未改变，依然保持为 256。

在当前的上下文中，key_padding_mask 参数被设置为 not None，因此对 value 进行处理的目的主要有两个。

1）增强表示能力：通过线性层（即 value_proj 函数）对 value 进行变换，尽管通道数没有改变，但线性层可以对特征进行重新组合和缩放，从而可以提取出更多有用的特征信息，增强 value 的表示能力。

2）**适应多头注意力机制**：多头注意力机制要求将 value 向量分割成多个独立的头，以便对每个头分别进行注意力计算。forward 函数负责执行这一步骤处理，以确保 value 向量能够适应多头注意力机制的计算需求。

以上计算过程详见代码清单 8-37。

代码清单 8-37　通过 forward 函数处理 value 以适应多头注意力机制的计算过程

```
if key_padding_mask is not None:
        value = value.masked_fill(key_padding_mask[..., None], 0.0)
    value = value.reshape(bs*self.num_bev_queue,
                    num_value, self.num_heads, -1)
```

8. 编码器中的动态采样及注意力权重计算

BEVFormer 中的卷积构件部分采用了可形变卷积，它支持采样偏移，使得 BEVFormer 模型能关注图像或特征图中的关键区域。在此基础上，BEVFormer 进一步发展出了动态采样技术，这项技术能够更智能地将训练和计算集中到感兴趣的空间区域，从而提高模型的效率和性能。

可形变卷积用于计算采样偏移和注意力权值这两个关键参数。它重点考虑了当前位置偏移到其他位置的特征，这使得模型能够更加灵活地捕捉和利用图像中的上下文信息。通常，这种偏移的数量被设定为 4 个，意味着模型会考虑当前位置可以偏移到的 4 个不同位置的特征。计算采样偏移量和注意力权重的过程详见代码清单 8-38。

代码清单 8-38　计算采样偏移量和注意力权重

```
sampling_offsets = self.sampling_offsets(query)
sampling_offsets = sampling_offsets.view(
        bs, num_query, self.num_heads, self.num_bev_queue, self.num_levels,
            self.num_points, 2)
attention_weights = self.attention_weights(query).view(
        bs, num_query,  self.num_heads, self.num_bev_queue, self.num_levels *
            self.num_points)
        attention_weights = attention_weights.softmax(-1)
```

接下来对计算得出的采样偏移和注意力权重进行额外的处理，这通过 self.sampling_offsets 和 self.attention_weights 函数来完成，可以得到最终的采样偏移和注意力权重。

处理后的参数将被用于后续的可形变注意力网络得到的特征表示中。采样偏移所表示的偏移量，实际上是指当前需要采样的位置与当前位置之间的距离或偏移量的大小。然而，这个偏移量本身并不能直接表示要采样的位置点的具体坐标。因此，需要对应位置点的原始坐标，加上这个偏移量，从而得到准确的采样位置。后续的一系列函数也是用于处理这一关键步骤的。

通过一系列的处理，模型能够更准确地定位并采样到关键的特征点。调整注意力权重及采样偏移量的具体过程详见代码清单 8-39。

代码清单 8-39　调整注意力权重及采样偏移量

```
attention_weights = attention_weights.view(bs, num_query,
                                           self.num_heads,
                                           self.num_bev_queue,
                                           self.num_levels,
                                           self.num_points)
attention_weights = attention_weights.permute(0, 3, 1, 2, 4, 5) \
    .reshape(bs*self.num_bev_queue, num_query, self.num_heads, self.
        num_levels, self.num_points).contiguous()
sampling_offsets = sampling_offsets.permute(0, 3, 1, 2, 4, 5, 6) \
    .reshape(bs*self.num_bev_queue, num_query, self.num_heads, self.
        num_levels, self.num_points, 2)
```

对于 BEV 网格空间中的每一个位置，都需要我们确定它应该偏移到的 4 个采样点。这可以通过将每个网格初始位置与其对应的采样偏移量进行相加来实现，详见代码清单 8-40，得出的每个网格需要偏移到的 4 个位置即为最终的采样位置。

代码清单 8-40　计算采样位置

```
if reference_points.shape[-1] == 2: # ref_2d, (2, 2500, 1, 2)
offset_normalizer = torch.stack(
        [spatial_shapes[..., 1], spatial_shapes[..., 0]], -1) # [[50, 50]]
    sampling_locations = reference_points[:, :, None, :, None, :] \
        + sampling_offsets \
        / offset_normalizer[None, None, None, :, None, :]
elif reference_points.shape[-1] == 4:
    sampling_locations = reference_points[:, :, None, :, None, :2] \
        + sampling_offsets / self.num_points \
        * reference_points[:, :, None, :, None, 2:] \
        * 0.5
else:
```

```
raise ValueErro
    r(f'Last dim of reference_points must be'
    f' 2 or 4, but get {reference_points.shape[-1]} instead.')
```

采样位置对于执行可形变注意力机制来说至关重要,因为它提供了模型在 BEV 网格空间中采样特征时的精确位置信息。

为了构造一个通用的可形变注意力函数,我们可以利用 CUDA 进行加速,输出 value 特征、空间形状大小、采样位置和自注意权重。这个输出结果即为经过可形变注意力模块处理后得到的特征表示,计算过程详见代码清单 8-41。

代码清单 8-41 经过可形变注意力模块处理后得到的特征表示的计算过程

```
if torch.cuda.is_available() and value.is_cuda:
    if value.dtype == torch.float16:
        MultiScaleDeformableAttnFunction = MultiScaleDeformableAttnFunction_
            fp32
    else:
        MultiScaleDeformableAttnFunction = MultiScaleDeformableAttnFunction_
            fp32
    output = MultiScaleDeformableAttnFunction.apply(
        value, spatial_shapes, level_start_index, sampling_locations,
        attention_weights, self.im2col_step)
else:
    output = multi_scale_deformable_attn_pytorch(
        value, spatial_shapes, sampling_locations, attention_weights)
```

经过可形变注意力机制的处理后,我们得到的特征维度与 value 的维度保持一致。为了得到最终的输出结果,我们将未处理的 BEV(即 pre_bev)和当前经过注意力机制处理后的 BEV 按照 0.5 的权重进行平均融合。这一融合步骤确保了模型能够同时考虑历史信息和当前状态,从而得到更加准确的输出结果。输出结果的维度代表了当前 BEV 的存在状态,它融合了历史和当前的 BEV 信息,具体代码实现详见代码清单 8-42。

代码清单 8-42 输出融合历史和当前 BEV 信息的代码实现

```
output = output.permute(1, 2, 0)
output = output.view(num_query, embed_dims, bs, self.num_bev_queue)
output = output.mean(-1)
output = output.permute(2, 0, 1)
output = self.output_proj(output)
```

在完成可形变注意力机制的处理，并融合了历史与当前 BEV 信息后，我们再进行一个额外的处理步骤。这一步骤应用了 self. dropout 技术，旨在随机丢弃部分神经元，以减少模型对训练数据的过拟合风险，进而增强模型的鲁棒性和泛化能力。同时，我们还添加了一个初始量，这一操作相当于执行了一个恒等变换，有助于模型在训练初期保持稳定性。具体的实现细节和技术要点，即应用 self. dropout、添加初始量（identity）以及额外步骤处理流程详见代码清单 8-43。

代码清单 8-43　应用 self. dropout、添加初始量以及额外步骤处理流程

```
if not self.batch_first:
        output = output.permute(1, 0, 2)
    return self.dropout(output) + identity # (1, 2500, 256)
```

9. 实现空间交叉注意力及动态特征聚合

本节主要关注于实现空间交叉注意力（SCA）机制及其之后的动态特征聚合。在深度学习中，尤其是在处理多模态或多源输入数据时，SCA 机制扮演着重要角色。它允许模型能够关注并整合来自不同空间或模态的特定信息，这提升了模型执行复杂任务时的性能。动态特征聚合是在 SCA 之后的一个步骤，它根据 SCA 的结果，动态地整合和更新特征表示，以适应当前任务的需求。前面介绍的变换过程是为了得到查询值。得到查询值之后，按照 operation_order 中指定的顺序依次继续执行操作。

归一化操作是深度学习中常用的一种技术，在处理注意力机制时，对自注意力的结果进行归一化，主要目的是确保数值的稳定性，防止在计算过程中出现数值爆炸或消失等问题，此处并非重点因此不再赘述。执行完归一化操作之后，需要进行空间交叉注意力的计算，详见代码清单 8-44。SCA 模块的输入通常包括查询、键等，但有一个特殊之处，前面的 TSA 模块提供的空间形状是 BEV 空间的尺寸，然而 SCA 模块中的空间形状对应的是图像尺寸的大小。

代码清单 8-44　空间交叉注意力计算

```
for layer in self.operation_order:
    ......
        elif layer == 'cross_attn':
            query = self.attentions[attn_index](
                        query,
                        key,
```

```
                value,
                identity if self.pre_norm else None,
                query_pos=query_pos,
                key_pos=key_pos,
                reference_points=ref_3d,
                reference_points_cam=reference_points_cam,
                mask=mask,
                attn_mask=attn_masks[attn_index],
                key_padding_mask=key_padding_mask,
                spatial_shapes=spatial_shapes,
                level_start_index=level_start_index,
                **kwargs)
            attn_index += 1
            identity = query
```

接下来探讨空间注意力机制的实现过程,即处理键(key)、值(value)和残差及加权,如代码清单 8-45 所示。在 SCA 模块中,如果 key、value 以及残差为 None,则按照特定的方式进行处理。如果查询位置存在非零值,需要将查询与查询位置进行相加,同时保持其维度不变。

代码清单 8-45　处理键、值和残差及加权

```
if key is None:
    key = query
if value is None:
    value = key
if residual is None:
    inp_residual = query
    slots = torch.zeros_like(query)
if query_pos is not None:
    query = query + query_pos
.......
```

获取批次和查询大小的代码如代码清单 8-46 所示,这是代码的基础操作,故不再赘述。

代码清单 8-46　获取批次和查询大小的代码

```
bs, num_query, _ = query.size()
.......
```

for 循环主要负责处理多个 BEV 掩码，每个 BEV 掩码对应一个相机。在 for 循环中，依次处理每个相机的 BEV 掩码，随后提取当前相机下非零位置的索引值（index），如代码清单 8-47 所示。

代码清单 8-47　每个 BEV 掩码对应一个相机

```
for i, mask_per_img in enumerate(bev_mask):
        index_query_per_img = mask_per_img[0].sum(-1).nonzero().squeeze(-1)
        indexes.append(index_query_per_img)
    max_len = max([len(each) for each in indexes])
```

上述步骤中，我们遍历了每个相机的 BEV 掩码，并提取了非零位置的索引值。这些索引值代表了需要从每个相机对应的图像中采样的位置。由于每个相机可能检测到不同数量的有效点（即非零位置），因此我们需要一个统一的方式来处理这些不同长度的采样点。

因此需要从 BEV 掩码中提取的索引值构建 queries_rebatch 和 reference_points_rebatch 这两个新矩阵。索引值表示了需要从图像中采样的位置，而这两个矩阵则用于存储采样后的特征和坐标。重排键值匹配相机维度的过程详见代码清单 8-48，其中的参数介绍如下。

1）max_len 是所有相机检测到的有效点的最大数量。

2）queries_rebatch 用于存储从每个图像位置上采样的特征。它的形状是［bs, self. num_cams, max_len, self. embed_dims］，其中 bs 是批次大小，self. num_cams 是相机数量，max_len 是最大采样点数量，self. embed_dims 是特征维度。

3）reference_points_rebatch 用于存储采样点的坐标。它的形状是［bs, self. num_cams, max_len, D, 2］，其中 D 可能代表与采样点相关的额外维度（例如，采样点具有多个关联坐标时）。

代码清单 8-48　重排键值匹配相机维度

```
queries_rebatch = query.new_zeros(
    [bs, self.num_cams, max_len, self.embed_dims])
reference_points_rebatch = reference_points_cam.new_zeros(
    [bs, self.num_cams, max_len, D, 2])
```

接下来，我们使用从 BEV 掩码中提取的索引值来从图像中提取特征，并将这些特征放置在 queries_rebatch 矩阵的相应位置。如代码清单 8-49 所示。

代码清单 8-49　图像中提取的特征放置在 queries_rebatch 矩阵中的相应位置

```
for j in range(bs):
    for i, reference_points_per_img in enumerate(reference_points_cam):
        index_query_per_img = indexes[i]
        queries_rebatch[j, i, :len(index_query_per_img)] = query[j, index_query_
            per_img]
        reference_points_rebatch[j, i, :len(index_query_per_img)] = reference_
            points_per_img[j, index_query_per_img]
```

刚刚提及的 key 和 value 都是从图像特征中提取出来的，计算 key 和 value 的过程详见代码清单 8-50。具体过程介绍如下。

1）key 和 value 的原始形状是 [num_cams, l, bs, embed_dims]，其中 num_cams 是相机数量，l 是某个维度的大小（可能是图像的高度或宽度），bs 是批次大小，embed_dims 是特征维度。

2）通过 permute 和 reshape 操作对它们的维度进行调整，使其形状变为 [bs * self.num_cams, l, self.embed_dims]。这样做的目的是将不同相机的特征合并到一起，并准备将它们输入到可形变卷积中。可形变卷积网络是一个用于处理图像特征的网络结构，它可以根据输入的特征和坐标信息生成新的特征表示。

3）使用可形变卷积网络来融合图像特征和采样点的位置信息。

代码清单 8-50　计算 key 和 value 的过程

```
num_cams, l, bs, embed_dims = key.shape
    key = key.permute(2, 0, 1, 3).reshape(
                    bs *self.num_cams, l, self.embed_dims)
    value = value.permute(2, 0, 1, 3).reshape(
                    bs *self.num_cams, l, self.embed_dims)
```

详细的实现步骤在一个名为 DeformableConv 的函数或类中，它接收图像特征和采样点坐标作为输入，并输出融合后的特征表示，有兴趣可以搜索相关代码，这不是本节重点需要关注的内容，故不再赘述。

reference_points_rebatch 是在代码清单 8-49 中构造的一个矩阵，这个矩阵与 queries_rebatch 是相对应的，它存储了采样点的坐标，用于表示采样点的位置信息。reference_points_rebatch 的每个元素都是一个二维坐标，这些坐标是基于 BEV 掩码提取的索引值计算得到的，用于表示一个采样点在图像上的位置。查询（即 queries 参数）计算如代码清单 8-51 所示。在该计算过程中，self.deformable_attention 函数会基于 reference_points_rebatch 中的参考位置计算出采样偏移，即偏移量。每个参考点会对应 4 组偏移量，这些偏移量用于确定以参考点为中心的多个坐标位置，最终得到查询的值。

代码清单 8-51　查询计算

```
queries = self.deformable_attention(query=queries_rebatch.view(bs*self.num_cams,
    max_len, self.embed_dims), key=key, value=value,
                reference_points=reference_points_rebatch.view(bs*self.num_cams,
                    max_len, D, 2), spatial_shapes=spatial_shapes,
                level_start_index=level_start_index).view(bs, self.num_cams, max_
                    len, self.embed_dims)
```

10. 在 BEV 空间中综合历史与当前帧信息

在得到查询后，我们需要在 BEV 空间中综合历史与当前帧的信息。为此，我们将查询的量重新放回原始空间（无论是 2D 空间还是 3D 空间）中，并形成最终的槽（slots）。这里的"槽"实际上是一个特征表示，它代表了 BEV 空间中的信息。槽的尺寸与之前保持一致，意味着它的维度和形状没有改变。

首先，slots 中的特征需要经过一个线性层的处理。在这个过程中，会对 slots 内的特征进行平均值的计算，这样的操作是为了对 slots 中的特征进行归一化处理或者平滑处理。

其次，验证 BEV 编码是否存在，并对来自 6 个摄像头的 BEV 编码特征进行求和操作。这个求和操作是在 BEV 空间中进行的，目的是得到整个场景的 BEV 特征表示，并查询是否存在对应的 BEV 值。

对于 BEV 空间每个位置，如果查询的数量大于 1，则表示存在多个采样数据。在这种情况下，我们会根据采样数据的个数对特征进行均值化处理，得到一个平均的特征表示。如果没有采样数据，则保持原值不变。

通过这种方式，我们成功获取了最终的 slots 变量。值得注意的是，slots 的大小并非直接由柱子的数量决定，而是受到空间交叉注意力模块前向函数计算过程的影响。为了更深入地理解这一点，接下来将详细探讨空间交叉注意力模块的前向函数计算过程，如代码清单 8-52 所示。

代码清单 8-52　空间交叉注意力模块的前向函数计算过程

```
for j in range(bs):
        for i, index_query_per_img in enumerate(indexes):
            slots[j, index_query_per_img] += queries[j, i, :len(index_query_
                per_img)]
    count = bev_mask.sum(-1) > 0
    count = count.permute(1, 2, 0).sum(-1)
    count = torch.clamp(count, min=1.0)
    slots = slots / count[..., None]
    slots = self.output_proj(slots)
......
```

此时 slots 采用了与 TSA 模块相同的处理方式,即都通过 dropout 函数和初始残差（initial residual）的相加来进行。这里的初始残差指的是在编码流程的开始阶段可能保留的一部分原始输入信息,用于在后续的处理步骤中与经过变换的特征进行相加,以帮助模型更好地保留和利用原始信息。至此,关于空间注意力机制的讲述已经结束,整个编码流程的核心内容也叙述完成了。通过上述操作得到查询量以及 BEV 特征之后,下一步便是利用这些信息进行解码以得到最终的 3D 目标检测结果了。这正是解码器所要完成的任务,解码器将对这些特征进行进一步的处理和分析,以生成最终的检测结果,详见代码清单 8-53。

代码清单 8-53　生成最终的检测结果

```
return self.dropout(slots) + inp_residual
```

8.2　环境搭建

本节讲解如何搭建 BEVFormer 的运行环境。

8.2.1　创建虚拟环境

在搭建环境时,首先使用 conda 命令创建一个名为 open-mmlab 的 Python 虚拟环境,以确保环境的隔离性,并选择 Python 3.8 版本作为该环境的解释器。随后在 open-mmlab 环境中安装 PyTorch 1.9.1 版本及其相关库,包括 torchvision 0.10.1 和 torchaudio 0.9.1。

在安装过程中，要特别注意 CUDA 版本的选择。这里选择 cu111 以支持 CUDA 11.1 版本。通过上述步骤，我们成功构建了一个适用于 BEVFormer 的 Python 虚拟环境，详见代码清单 8-54。

代码清单 8-54　创建 Python 虚拟环境代码

```
conda create -n open-mmlab python-3.8 -y
conda activate open-mmlab
pip install torch==1.9.1+cu111 torchvision==0.10.1+cu111 torchaudio==0.9.1 -f
    https://download.pytorch.org/whl/torch_stable.html
```

8.2.2　安装 BEVFormer

首先使用 conda 命令安装 GCC 编译器，接着使用 pip 安装多个机器学习库：mmcv-full、mmdet、mmsegmentation 和 timm。从 GitHub 克隆 MMDetection3D 和 BEVFormer 项目，并切换到 MMDetection3D 的特定版本。下载一个预训练模型文件，并提示用户检查数据集文件的存在，并创建文件夹结构以放置数据集。具体操作如代码清单 8-55 所示。

代码清单 8-55　安装 BEVFormer 的整体过程

```
conda install -c omgarcia gcc-6
pip install mmcv-full==1.4.0 -f https://download.openmmlab.com/mmcv/dist/cu111/
    torch1.9.0/index.html
pip install mmdet==2.14.0
pip install mmsegmentation==0.14.1
git clone https://github.com/open-mmlab/mmdetection3d.git
git checkout v0.17.1
python setup.py install
pip install timm
git clone https://github.com/fundamentalvision/BEVFormer.git
wget https://github.com/zhiqi-li/storage/releases/download/v1.0/r101_dcn_
    fcos3d_pretrain.pth
tree -L 1
source activate open-mmlab
python tools/create_data.py nuscenes --root-path ./data/nuscenes --out-dir ./data/
    nuscenes --extra-tag nuscenes --version v1.0 --canbus ./data
export PYTHONPATH=./
```

8.3　模型部署

在深入探讨 BEVFormer 的代码原理以及完成环境配置后，接下来简要介绍 BEVFormer 模型的部署流程及其实际应用中的效果展示。由于实际部署过程涉及众多复杂的工程细节，因此这些内容在此不做深入展开。不过，我们强烈推荐参考 GitHub 上的 DerryHub/BEVFormer_tensorrt 项目（链接：https://github.com/DerryHub/BEVFormer_tensorrt.git），该项目提供了详尽的部署指南和实用案例，对于希望深入了解 BEVFormer 在 TensorRT 环境下的部署细节的读者来说，是一个宝贵的资源。

BEVFormer 模型的部署遵循了一套标准的流程：首先确保所有依赖项和软件环境已正确配置；接着将 BEVFormer 模型集成到目标系统中，并进行必要的优化；随后将模型与系统的接口对接，以确保数据流的顺畅；最后通过全面的测试，验证模型的稳定性和性能。

在模型成功部署后，我们通过实际路测和模拟实验，验证了 BEVFormer 在机器人系统中的表现。它能够将多传感器收集的 2D 图像信息高效转换为 BEV 视角，显著提升系统的环境感知能力，使智能驾驶系统能够更精准地识别与跟踪动态目标。此外，我们也验证了 BEVFormer 在不同场景下的稳定性与可靠性，它在低能见度或恶劣天气条件下的表现良好，进一步证明了其在实际应用中的价值与潜力。

8.4　本章小结

本章深入介绍了 BEVFormer 的应用实践，涵盖了代码详解、模型训练及环境搭建等内容。我们首先解析了数据处理和配置文件设置，并详细说明了网络模型的入口。接着，探讨了模型是如何通过骨干网络和颈部网络提取图像特征，并利用 Transformer 将其转换为 BEV 特征的。然后，我们解释了 BEVFormer 编码器的工作原理，包括生成参考点、坐标转换、动态采样和注意力权重计算等关键步骤。最后，本章还详细介绍了模型训练过程中的特征融合方法以及如何配置环境以顺利安装和运行 BEVFormer。

第 9 章

大模型在自动驾驶领域的应用

在前文中,我们对 BEV 感知算法的原理及其在自动驾驶中的应用进行了深入剖析,凸显了这一核心技术在自动驾驶领域的重要性。然而,对技术的探讨不应止步于现状,更应展望未来。多年来,一个问题始终萦绕于心:自动驾驶技术的发展,究竟会走向多个模块的管道式路线,还是更倾向于采用从输入到输出的端到端解决方案?

端到端与管道式技术路线在自动驾驶领域各有优势。管道式技术路线将任务分解为多个子任务,每个子任务由专门的模块进行处理,便于理解和调试。然而,这种方式的缺点在于可能导致误差累积,且各模块之间的优化可能并非全局最优。相比之下,端到端则直接从原始输入映射到最终输出,避免了模块间的误差累积,并可能实现全局最优的优化。随着深度学习技术的飞速发展,端到端的解决方案似乎越来越受青睐。

特斯拉的完全自动驾驶(FSD)系统即将在中国落地,这一系统是端到端解决方案的杰出代表。其成功的背后,离不开大型深度学习模型的强力支持。这些模型具备出色的表征学习能力和强大的自适应能力,能够从海量数据中挖掘出深层次的规律和特征,为自动驾驶的感知、预测、规划等任务提供坚实支撑。

大型深度学习模型在自动驾驶中的应用主要体现在两大方面。首先,大型深度学习模型被用于构建端到端的自动驾驶系统,赋予车辆与人类相似的感知、预测和规划能力。通过深度学习模型的训练,车辆自身可以更准确地理解周围环境,预测其他道路使用者的行为，并规划出安全、高效的行驶路线。这不仅提升了自动驾驶系统的整体性能，也显著增强了行车的安全性。

其次，大型深度学习模型在自动驾驶的数据生产和模型训练中发挥着不可或缺的作用。智能驾驶大模型与数据闭环的紧密结合，使自动驾驶算法能够持续迭代和优化。通过实际道路上的行驶数据反馈，模型可以不断学习和调整，以适应更多复杂多变的场景。这种持续的学习和优化过程不仅推动了自动驾驶解决方案的逐步成熟，也为自动驾驶技术的规模化量产和应用奠定了坚实基础。

展望未来，随着计算能力的不断提升和数据的日益丰富，大型深度学习模型将在自动驾驶领域发挥更加重要的作用，而端到端的解决方案也将成为自动驾驶技术发展的主流趋势。我们期待在不久的将来，自动驾驶汽车能够像人类一样，在各种复杂场景中自如驾驶，为出行带来更加便捷、安全的体验。

在接下来的内容中，我们将深入探讨大型深度学习模型在自动驾驶领域中的具体应用案例、面临的技术挑战以及未来的发展趋势。我们希望通过这些讨论，为读者提供一个全面、深入了解自动驾驶领域中的大型深度学习模型的机会。

9.1 端到端的自动驾驶系统 UniAD

本节将详细阐述一篇由上海人工智能实验室 OpenDriveLab 团队、武汉大学以及商汤科技联合发表的论文 Planning-oriented Autonomous Driving。该论文创新性地提出了一种名为统一自动驾驶架构（UniAD）的全新自动驾驶架构，并荣获了 2023 年计算机视觉与模式识别会议（CVPR 2023）的最佳论文奖。

9.1.1 UniAD 的提出背景

在自动驾驶系统的设计中，感知、预测和规划是三个核心任务。传统的设计方案通常是为每个任务部署独立的模型，或者构建包含多个独立任务头的多任务学习模型。然而，这些方法可能会受到误差累积的影响，并且在下游规划任务上的迁移效果不佳。各种算法框架的比较如图 9-1 所示。

图 9-1a 中展示了大多数解决方案采取的策略——为不同任务部署独立的模型。这种方式降低了跨团队研发的难度，但由于优化目标相互隔离，可能会导致跨模块信息丢失、

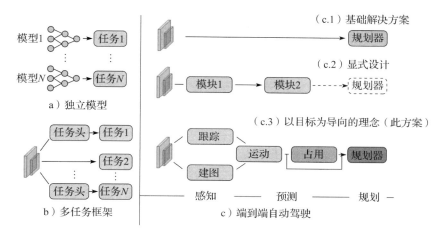

图 9-1 各种算法框架的比较

误差累积以及特征错位等问题。

图 9-1b 中展示的多任务学习方案则选择共享一个主干系统,并为分工的任务头设置独立分支。然而,这种设计可能导致"负向迁移",即一个任务的训练过程可能会干扰另一个任务的训练。

图 9-1c 中的端到端范例则尝试将感知和预测模块结合在一起。以往的尝试要么直接优化规划(如 c.1 所示),要么采用部分组件设计系统(如 c.2 所示)。然而,这些方法在安全保证和可解释性方面存在不足。一个理想的系统应该以规划为导向,妥善组织前面的任务以促进规划(如 c.3 所示)。

在感知环节,传统方法依赖雷达、激光雷达和相机等传感器进行数据采集,然后通过手动的特征工程或简单的机器学习模型进行目标检测和分类。然而,这种方法需要大量的人力,且对环境变化的适应性较差,无法满足高级别自动驾驶的要求。

在预测环节,传统方法基于历史数据和简单的物理模型进行车辆和行人的未来轨迹预测。但其预测准确性有限,无法处理复杂的交互或面对不确定性,这在高速行驶或复杂场景中可能导致危险。

在规划环节,传统方法使用基于规则的决策树或有限状态机进行路径规划,但这在复杂和未知的环境中可能会失效,且需要大量的手动调整和优化,这无疑增加了自动驾驶系统开发的难度和成本。

为了克服这些问题,UniAD 架构应运而生。UniAD 是一个将全栈驾驶任务整合到一个深度神经网络中的架构。在这个架构中，所有的子任务都按照一定的优先级进行组建，以确保它们都能为最终的路线规划做出贡献。这样的设计可以充分发挥每个子任务以及各个模块的优势，从而实现更安全的自动驾驶。

9.1.2　UniAD 架构

UniAD 的组成模块如图 9-2 所示，分别是感知（TrackFormer、MapFormer）模块和预测（MotionFormer、OccFormer）模块，以及规划模块，其中感知和预测模块是基于 Transformer 的。每个模块都充分利用了前面模块（节点）的协同优化结果，在驾驶场景中实现了高效的预测和规划。

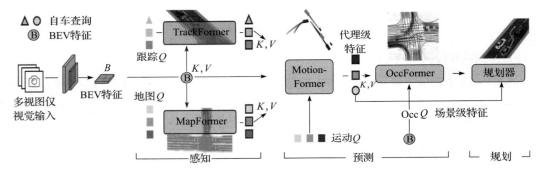

图 9-2　UniAD 的组成模块

UniAD 以多个相机的图像序列作为输入，将其传递给特征提取器，并利用 BEVFormer 中现成的 BEV 编码器，将原始的透视特征转换为统一的 BEV 特征 B。TrackFormer 采用可学习的嵌入方法，即跟踪查询，从 BEV 特征 B 中检索代理信息，以实现对新物体的检测和对先前物体的跟踪。MapFormer 负责道路元素的全景分割。MotionFormer 利用这些特征预测物体的未来轨迹，并生成以场景为中心的联合预测。为了实现上述操作，我们特别设计了自车查询，以捕捉自车信息。OccFormer 负责预测占用网格图。最后，规划器 Planner 对 MotionFormer 中的自车查询进行解码，生成规划结果，并确保规划路径能够避开占用区域。这种设计实现了感知、预测和规划的有效协同。

在感知模块，BEVFormer 作为特征编码器，负责从多个相机视图中提取 BEV 特征。该特征编码器采用深度学习模型，通过卷积、激活函数、池化等一系列计算步骤，从原始传感器数据中提取出有用的特征信息，有效解决了传感器数据的高维度和复杂性难题，为后续模块提供了至关重要的输入。

在预测模块，多目标跟踪技术运用滤波器或深度学习模型，能够自主更新查询（Query），还能够结合特征向量和历史状态信息，输出场景中每个目标的当前状态，无须每帧都与目标进行关联，就可以实现对场景中多个目标的有效跟踪。

在规划模块，在线地图模块负责地图的实时生成与分割。该模块采用深度学习方法，利用特征向量和传感器数据实时更新地图信息，为控制模块提供了准确的地图参考。这样一来，系统可以在不依赖预先构建的高精度地图的情况下，实现实时的路径规划。

UniAD 为自动驾驶领域带来了一个全新的设计思路，它旨在通过整合各个子任务并发挥它们之间的协同效应，实现更高效、更安全的自动驾驶。这篇论文为自动驾驶领域的研究者和开发者提供了有价值的参考。相信在未来，基于 UniAD 架构的自动驾驶系统将会有更广泛的应用。

UniAD 的开源代码库在 Github 上的地址为：https://github.com/OpenDriveLab/UniAD。目前，该代码库已获得超过 3000 的星标。

9.2　赋能自动驾驶数据生产和模型训练

随着自动驾驶技术的深入研究和广泛应用，大型深度学习模型（简称"大模型"）在自动驾驶领域的重要性日益显著。尤其在自动驾驶数据的生产和模型训练方面，大模型的作用尤为突出。本节将深入探讨大模型在以下几个方面的关键作用，并阐述其是如何有效提升自动驾驶系统的性能和可靠性的。

（1）辅助数据标注

在自动驾驶系统的研发过程中，数据标注是一个至关重要的环节。准确、全面的数据标注对于训练出高性能的自动驾驶模型至关重要。然而，数据标注工作既耗时又耗力，且易受标注人员主观因素的影响。大模型为这一问题提供了有效的解决方案。

大模型能够通过学习已标注的数据，掌握其中的内在规律和特征。随后，它可以利用这些学到的知识来辅助标注未标注的数据。通过这种方式，大模型能够快速地扩充训练数据集，提高数据的多样性和丰富性。这不仅极大地减轻了人工标注的负担，还提高了大模型的准确性和泛化能力，使得自动驾驶系统能够更好地适应各种复杂的驾驶环境和情况。

（2）模型蒸馏

模型蒸馏是一种有效的模型压缩技术，它可以将一个大模型（教师模型）的知识蒸馏到一个小模型（学生模型）中。在自动驾驶领域，这种技术具有重要意义，因为自动驾驶系统对计算资源和实时性的要求非常高，而大模型往往计算量大、运行速度慢，难以满足这些要求。

通过模型蒸馏技术，大模型可以将学到的知识和经验传递给小模型。这样，小模型在保持较高性能的同时，还可以大大减少计算资源的消耗。这不仅提高了自动驾驶系统的实时性，还降低了硬件成本，为自动驾驶技术的广泛应用奠定了基础。

（3）合并多个小模型

在自动驾驶系统中，往往需要同时处理多个任务，如感知、预测、规划等。传统的方法是为每个任务单独训练一个小模型。然而，这种方法不仅计算量大，而且各模型之间的协同工作也可能出现问题。大模型的引入为这一问题提供了有效的解决方案。

大模型具有强大的表征学习能力和多任务处理能力。通过合并多个小模型的任务，大模型可以同时处理多个任务，并输出统一的结果。这不仅提高了整体模型的预测能力和鲁棒性，还简化了模型结构，降低了系统复杂度。同时，大模型还可以通过多任务学习的方式，利用任务之间的相关性来提高模型的性能。

（4）自动驾驶场景的数据生成

自动驾驶系统需要适应各种复杂的驾驶环境和情况。然而，在实际应用中，很难收集到所有可能的驾驶场景数据。大模型的引入为这一问题提供了有效的解决方案。

大模型具有强大的生成能力。它可以根据已有的驾驶数据生成新的驾驶场景数据。这些数据可以帮助大模型更好地适应各种复杂的驾驶环境和情况，提高泛化能力。同时，生成的数据还可以用于扩充训练数据集，进一步提高性能。

9.2.1 辅助标注数据

在介绍如何使用大模型进行自动标注数据之前，先介绍可以用于辅助标注数据的 SAM（Segment Anything Model）模型。SAM 是 Meta AI 发布的一款视觉分割领域的基础模型。该模型采用提示工程进行训练，能够根据提示进行分割，并具备在下游分割任务中应用的潜力，以及与其他视觉任务组合的能力。

SAM 模型的成功取决于任务、模型和数据 3 个关键组成部分。为了开发这些组成部分，需要解决图像分割方面的几个重要问题。首先，要确定什么样的任务可以实现零样本泛化。其次，如何设计对应的模型架构。最后，要确定哪些数据可以支撑这项任务和模型。首先定义可提示的分割任务，随后，SAM 模型采用一个灵活的提示，并实时输出分割掩码，以便交互使用。模型的设计包括一个强大的图像编码器，用于计算图像嵌入，一个提示编码器，用于嵌入提示，以及一个轻量级的掩码解码器，用于组合两个信息源并预测分割掩码。为了训练模型，Meta AI 构建了一个数据引擎，用于收集和处理大规模的数据源。这个数据引擎使用高效模型来协助数据收集，并使用新收集的数据对模型不断改进。SAM 模型的零样本性能在许多任务中令人印象深刻，甚至可以竞争或超越全监督结果。Meta AI 提供了一个 Web 版应用来推广 SAM 模型，并发布了一个包含 10 亿个掩码和 1100 万张图像的 SA-1B 数据集，以促进计算机视觉基础模型的研究。总之，SAM 模型是一个可提示的、基于基础模型的图像分割方法，它通过巧妙的任务设计、模型架构和数据引擎，为计算机视觉领域的基础模型研究提供了新的方向和可能性。

以 SAM 模型为基础的 X-AnyLabeling 标注系统实现了自动化的目标标注，如图 9-3 所示，只需在目标上标注几个目标点，模型就能自动识别出目标物体。这种自动标注方法提高了效率和准确性，降低了标注成本，为自动驾驶技术的发展提供了有力支持。

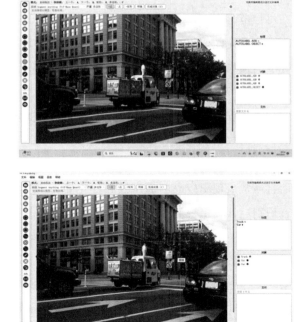

图 9-3　X-AnyLabeling 标注汽车

标注精度越高，对人的替代程度也越高。目前，很多公司都在研究如何提高大模型自动标注的精度，以期精度达标的同时实现标注的完全无人化。目前在智能驾驶产品的开发过程中，绝大多数的感知任务都已经引入大模型自动预标注，相比于以前，当前获取同等数量的数据样本，在标注周期和标注成本方面都可以缩减到几十分之一，这显著提高了开发效率。

在实际应用中，是否采用大模型做预标注需要自动驾驶公司和标注公司共同衡量。假如预标注的效果不够好，标注公司还需要做很多后续工作，例如要把漏标的边界框标注出来、把标注错误的边界框删掉、把边界框的大小统一等。因此，自动驾驶公司希望尽可能地提高大模型预标注的精度，并尽可能地降低人工标注的工作量，从而降低标注成本。

9.2.2 模型蒸馏给小模型赋能

模型蒸馏是一种用于压缩神经网络模型的有效技术，其核心目标是通过训练一个小模型（称为"学生模型"）来近似模拟一个大模型（称为"教师模型"）的行为，同时尽量保持精度的损失在可控范围内。

在模型蒸馏的过程中，首先使用标准数据集对教师模型进行训练。随后，在训练学生模型时，除了采用标准的损失函数（如交叉熵或均方误差）外，还会增加一个额外的损失项，该损失项促使学生模型更好地逼近教师模型，旨在使学生模型的预测与教师模型的预测保持一致。在训练过程中，学生模型不仅要适应标准数据集，还要学习如何将教师模型的决策转化为自己的决策。

通过模型蒸馏技术，我们可以获得一个既小巧又高效的模型，该模型不仅具有较低的计算和存储成本，而且通常展现出较高的通用性和泛化能力。模型蒸馏技术广泛应用于各种场景，包括语音识别、计算机视觉和自然语言处理等。

在实践中，大模型可以通过知识蒸馏的方式"教导"小模型。知识蒸馏是指大模型先从数据中学习并提取知识，然后再用这些知识来"教导"小模型。具体实现时，可以先将需要标注的图片提供给大模型进行学习，大模型会为这些图片打上标签，从而生成标注好的数据集。随后，使用这些标注好的数据集来训练小模型，这就是一种最简单的知识蒸馏方式。此外，大模型提取的特征也可以用于训练小模型，或者可以在大模型和小模型之间引入一个中模型，先用大模型提取的特征训练中模型，然后再用训练好的中模型中提取的特征来训练小模型。具体的实现方式可以根据实际需求进行灵活选择和设计。例如，可以利用大模型提取的特征进行蒸馏并微调，得到行人注意力、行人意图识别等专用小模型。由于特征提取阶段使用了同一个大模型，可以有效减少计算量。

9.2.3　将多个小模型合并成大模型

在车端应用大模型的主要形式是将处理不同子任务的小模型合并成一个"大模型"，然后进行联合推理。在传统的车端感知模型中，处理不同子任务的模型是独立进行推理的。随着感知任务的增加，工程师需要相应增加感知特定目标的模型，然而这种方式会导致系统延迟过大，存在安全隐患。

在 BEV 多任务感知框架中，不同目标的单任务感知小模型被合并成一个能同时输出静态信息（包括车道线、地面箭头、路口的斑马线、停止线等）和动态信息（交通参与者的位置、大小、朝向等）的多任务感知模型。时序融合能够提高 BEV 感知算法的准确性，一定程度上弥补了单帧感知的局限。多任务联合感知的框架还能保证感知实时性，同时提供更多、更准确的感知结果，供自动驾驶系统的下游使用。

然而，多个小模型的合并也会带来一些问题。模型可能会在不同子任务上出现性能的回退现象，算法团队需要尽可能地优化合并的模型结构，调整联合训练的策略，降低"负迁移"现象的影响。

9.2.4　自动驾驶的重建和数据生成

在自动驾驶领域，实现高精度的地图构建和场景还原是非常重要的。NeRF 技术可以实现自动驾驶场景的重建，为自动驾驶提供更精确的场景信息。具体来说，NeRF 技术可以将场景隐式地存储在神经网络中，然后通过渲染图片的监督学习，学习场景的隐式参数，从而重建自动驾驶场景。这个过程中需要输入图片、对应的位姿以及带颜色的场景密集点云，然后基于点栅格网络并依据输入图片的位姿将带颜色的点云在不同的分辨率上进行栅格化，从而生成多个尺度下的神经描述符（即特征），然后通过网络对不同尺度下的特征进行融合。接着，将生成的密集点云的特征、位置以及对应的相机参数和图片的曝光参数等信息输入后续网络中，进行微调（色调映射），便可以合成出颜色和曝光比较一致的图片。这样一来，就可以实现场景的重建。通过改变视角、光照、纹理、材质，可以生成各种高真实感数据，例如通过视角变化可以模拟变道、绕行、调头等各种行为，甚至可以模拟一些即将碰撞的高危险性场景数据，从而为自动驾驶提供更加真实的场景信息，以提高自动驾驶的安全性和可靠性。

9.3 视觉大模型的难点

本节为大家分析视觉大模型的发展，以及技术与实践的难点。

9.3.1 视觉大模型发展相对落后的原因

在人工智能领域中，自然语言处理（NLP）的预训练大模型已经取得了显著的进步，相比之下，计算机视觉（CV）领域的大模型发展却显得相对滞后。这种差异主要源于以下几个方面。

（1）输入输出的多样化

NLP 的优势之一在于其输入输出都是标准化的字符串格式，这使得模型的训练、评测和应用都相对简单和统一。无论是句子分类、机器翻译还是情感分析，处理的都是文本信息，输出的也是文本形式的结果。

相比之下，CV 任务面临着多样化的输入输出问题。不同的视觉任务可能需要不同的输出形式，如目标检测需要输出边界框和类别标签，而图像分割则需要输出像素级的标签。这种多样化使得视觉模型的训练和评测更加复杂，难以形成统一的标准。

（2）输入数据的极端多样性

CV 领域面临的另一个挑战是输入数据的极端多样性。图像数据不仅包含丰富的视觉信息，还受到光照、角度、遮挡、分辨率等多种因素的影响。这种多样性使得视觉模型需要具备更强的泛化能力，才能处理各种情况。

此外，多目视觉中的标定问题也是一大难点。在多相机系统中，如何将不同视角的图像进行准确对齐和融合是一个具有挑战性的问题。

（3）训练数据量的巨大差异

NLP 模型通常处理的是一维的文本序列，而 CV 模型则需要处理二维甚至三维的图像数据。这意味着在处理相同数量的信息时，CV 模型需要处理的数据量远远大于 NLP 模型。

此外，对于视频分析等涉及时间维度的任务，CV 模型还需要处理多个连续的画面帧，进一步增加了训练数据的复杂性和数量级。

（4）缺乏人为先验知识的支持

NLP 模型通过学习大量文本数据可以捕捉到不同概念之间的关系和语义信息。这种关系型的学习得益于语言中丰富的先验知识和人类长期形成的语言习惯。

然而，在 CV 领域中，大模型更多地依赖于从原始图像数据中学习到的统计规律和模式识别能力。由于缺乏类似于自然语言中的先验知识作为支撑，CV 模型往往需要更多的数据和计算资源才能达到相当的性能水平。

9.3.2 视觉大模型的技术挑战与实践难点

在探讨视觉大模型的发展时，我们不可避免地会遇到一系列技术和实践上的难点。这些难点不仅影响了模型的性能，还对其在实际应用中的部署和扩展提出了严格要求。以下是几个关键的难点。

（1）表象与抽象概念的困境

视觉大模型在理解和处理图像时，往往局限于表面的视觉特征，而难以像人类那样进行深层次的抽象思考。这导致大模型在处理富含抽象概念的视觉任务（如艺术理解、隐喻解读等）时表现不佳。

当前的视觉大模型大多基于深度学习，其本质是通过学习大量数据中的统计规律来进行预测和决策。然而，这种方法在处理抽象概念时遇到了瓶颈，因为抽象概念往往不能简单地通过统计规律来捕捉。

（2）数据依赖与泛化能力的缺乏

视觉大模型的性能高度依赖于训练数据的数量和质量。在数据量有限或数据质量不高的情况下，大模型的性能往往会受到严重影响。

此外，大模型对于罕见或未曾见过的视觉概念往往缺乏足够的泛化能力。这意味着当遇到新的、不同于训练数据的视觉输入时，大模型可能无法做出准确的预测或识别。

（3）跨模态匹配的挑战

视觉与语言之间存在天然的语义鸿沟。尽管两者都是人类理解和表达世界的重要方式，但它们的信息编码方式截然不同。这使得在视觉和语言之间进行跨模态匹配成为一个极具挑战性的任务。

例如，在图像描述生成或视觉问答等任务中，模型需要准确地理解图像中的视觉内容，并将其与语言中的对应概念进行匹配。这需要模型具备强大的跨模态理解和对齐能力。

（4）计算资源与模型规模的限制

视觉大模型的训练和推理需要消耗大量的计算资源（如 GPU/TPU、内存和存储等）。随着模型规模的不断扩大和数据量的急剧增加，对计算资源的需求也呈指数级增长。

在有限的计算资源下提高大模型的性能成了一个迫切的挑战。这需要更加高效的大模型架构、优化算法和训练策略，以期在降低计算复杂度和资源消耗的同时，保持或提高大模型的性能。

9.4 本章小结

本章概括了大型深度学习模型 UniAD 在自动驾驶中的应用，展示了其端到端的架构对数据处理和模型训练的优化作用，以及在面对数据标注、计算资源和多模态处理等挑战时的潜在影响，并预示了技术进步后，大模型将更广泛地促进自动驾驶领域的发展。